Oráculo do

Reiki

霊気

Johnny De' Carli

Oráculo do Reiki

2ª edição

NOVA SENDA

"Comece desde já a escrever, se quiser ser escritor."
JOHNNY DE' CARLI

ORÁCULO DO REIKI

Revisão: Auristela Maria Mendes Romeu
Diagramação e capa: Décio Lopes

Dados de Catalogação da Publicação

De' Carli, Johnny

Oráculo do Reiki/Johnny De' Carli – 2ª edição – São Paulo – Editora Nova Senda, 2020.

Bibliografia.
ISBN 978-65-87720-01-2

1. Oráculo 2. Reiki 3. Arte Divinatória I. Título.

EDITORA NOVA SENDA
Rua Jaboticabal, 698 – Vila Bertioga – São Paulo/SP
CEP 03188-001 | Tel. 11 2609-5787
contato@novasenda.com.br | www.novasenda.com.br

"O grande segredo para fazer sempre muitas coisas bem feitas ao longo de sua vida, está em concentrar toda a sua energia em apenas uma delas por vez."

Johnny De' Carli

Sumário

"Organize-se. A organização traz paz."

Johnny De' Carli

"Não tente realizar, realize."
Johnny De' Carli

"As pessoas fariam muito mais coisas,
se acreditassem que muitas delas são possíveis."
JOHNNY DE' CARLI

"Não viemos ao mundo para viver sem ajuda."

Johnny De' Carli

Dedicatória

Aos meus pais Alicia Requena e Carlos De' Carli Neto, pela dádiva da vida e pela proteção, preocupação, atenção e amor com que nutriram minha infância. Desconfio que Deus, como não podia estar em toda parte, criou as mães. Depois de Deus, nossa mãe!

A minha querida esposa Rita de Cássia Lima De' Carli que, na prática da boa magia mineira, me ensina a importância do silêncio. Para os mineiros, o silêncio não comete erros.

A meus irmãos Carlos, Helio e Ricardo, por tudo o que passamos juntos em nossa infância e pela grande amizade que nos une. Como é bom ter irmãos!

A meus filhos Juliana, Diana e Daniel, pela grande experiência da paternidade e pelo amor que me dá forças para avançar. A família é uma das obras-primas da Natureza!

A meus quatro primeiros netinhos Daniel, Lorenzo, Maria Lídia e Maria Clara, por mais esta grande experiência nessa vida.

À minha nora e genros Geani, Clayton e Lorenzo, por me presentearem com lindos netos e fazerem meus filhos e netos tão felizes.

Também a você, que vive e trabalha para o bem.

"Flores diferentes coexistem num mesmo jardim."

Johnny De' Carli

"Agradeço às pessoas que me rejeitaram e me disseram não. Por causa delas, agi por mim mesmo e cheguei até aqui."

Johnny De' Carli

Agradecimento

Agradeço primeiramente a Deus e a meus pais pela experiência desta vida.

Agradeço aos meus mentores espirituais, que me assistem em todas as etapas do "Caminho" irradiando a chama da verdade.

Agradeço a minha combatente esposa Rita de Cássia Lima De' Carli, cujo apoio foi fundamental para a realização desta obra.

Agradeço a minha amada filha Juliana De' Carli Debiasi, que, com sua intuição aguçada, me despertou para materializar este livro.

Agradeço ao velho amigo e editor Décio Lopes, da Editora Nova Senda, por editar este meu trabalho e por toda a criação artística presente neste livro.

Agradeço aos Mestres de Reiki Sílvia Oliveira e seu marido João Magalhães, Presidente da Associação Portuguesa de Reiki Monte Kurama, pela amizade, pelo Posfácio deste livro e por um importante sinal para a finalização deste novo projeto literário.

Agradeço ao Mestre de Reiki Víctor M. Fernández, Presidente da Federação Europeia de Reiki Profissional, com sede em Barcelona – Espanha, pela força e pelo Prefácio deste livro.

Agradeço ao Mestre de Reiki Ricardo Rodrigues Garé, cientista renomado do Reiki pela Universidade de São Paulo – USP, a quem tive a honra de recebê-lo como discípulo de Reiki, pela confiança depositada e pela Apresentação desta obra.

"Lembre-se de que ninguém vence sozinho. Tenha gratidão no coração e reconheça prontamente aqueles que o ajudaram."

Johnny De' Carli

Agradeço à Auristela Maria Mendes Romeu, à Claudiane Andre de Sousa, à Maria do Socorro Portela Oliveira (Andreza), à Ivone Ferreira, à Adélia Aparecida Silva Teófilo, à Otilia Afonso Viana Lourenço e à Maria Helena Ramalho (*in memoriam*), pelo suporte operacional.

Agradeço aos nossos guias locais, Rafael Moscoso Caserio, Pablo Torrado Losada e Alejandro Neira Expósito, por nos conduzirem com tanta alegria e competência pelo Caminho de Santiago de Compostela – Galícia – Espanha, nos meses de maio e junho de 2015, ocasião que nasceu esta obra.

Agradeço aos meus alunos, que me procuraram para aprender e acabaram sendo meus grandes e maiores Mestres. Não encontro palavras para expressar o quanto lhes sou grato, por me mostrarem que sempre tenho muito a aprender.

Comitiva de 22 Reikianos, que participaram de nossa jornada a Santiago de Compostela, nos meses de maio e junho de 2015.

"O Universo doa em abundância quando você adota uma atitude de gratidão."
Johnny De' Carli

Prefácio

Honrando a memória do Mestre Mikao Usui, hoje 15 de agosto de 2015, no 150º aniversário de seu nascimento, somos testemunhas de como a Luz que se acendeu no Japão em 1922, ao oferecer seu Reiki ao mundo inteiro, segue expandindo-se de forma ininterrupta, legando-nos um maravilhoso método de cura natural, ao mesmo tempo em que uma filosofia pessoal baseada nos Princípios do Reiki.

Seu presente permite-nos percorrer o caminho da vida e enfrentar as experiências mais duras, com a segurança de que tudo faz parte de um processo de aprendizagem que vai muito mais além do que vemos em uma simples olhada, sabedores de que o destino final de todo ser vivo é alcançar o Despertar e expressar todo o amor que trazemos dentro, para o benefício de todos os seres sensíveis, incluídos nós mesmos.

Sem dúvida, o Caminho do Reiki, sendo maravilhoso e muito enriquecedor, não está isento de dificuldades e requer constância, paciência, determinação, valor e confiança nos ensinamentos recebidos; quando uma pessoa é iniciada no Reiki enfrenta diversas situações que a levam a tomar consciência de sua realidade, o que a impulsiona a melhorar sua vida, a resolver todos os problemas e questões pendentes, aprendendo a liberar-se dos obstáculos que a impedem de ser feliz e de gozar boa saúde.

"No Reiki, a verdadeira sabedoria consiste em saber como aumentar nossa felicidade e bem-estar e a de nossos semelhantes."
Johnny De' Carli

Para isso, o Reiki nos oferece diversas ferramentas, técnicas, exercícios, meditações e muita informação sobre o uso da energia, o uso da mente e o controle das emoções. Sem dúvida, neste processo de aprendizagem, de cura e limpeza, o Reikiano encontrar-se-á em momentos difíceis de tremendas dúvidas existenciais, enfrentará o que São João da Cruz costumava chamar de *"a noite escura da alma"*, momentos nos quais o conhecimento acumulado parece não oferecer respostas nem soluções. As técnicas parecem não funcionar e tudo se paralisa. Momentos nos quais as pessoas se rendem, quando já esgotaram todas as possibilidades, quando chegaram ao limite e não sabem que caminho tomar, nesses tempos de recolhimento e desconcerto, resta somente entregar-se à sabedoria sem limites do Universo e confiar no destino, perdendo o medo do que está por vir e, assim, seguir avançando.

É nessas situações, quando as pessoas necessitam de conselho, guia e inspiração divina para encontrar o caminho correto em suas vidas, para poder tomar decisões, para recuperar a autoconfiança e a força espiritual, que há o impulso à ação, retomando, dessa maneira, o poder e a liberdade que as permitem serem as donas de seus destinos e as protagonistas de uma vida plena e feliz. Para isso, desde tempos ancestrais, os humanos recorrem a diversos oráculos que têm servido de ponte entre o humano e o Divino, para reconectar com sua própria essência, obtendo, assim, a guia, o conselho e a inspiração para encontrar as respostas, junto à força e à motivação necessárias para atuar.

Reiki, como método de cura natural e crescimento espiritual, nos permite aceder às mensagens do Universo para obter essa orientação infalível e confiável, refletida neste *Oráculo do Reiki,* uma bela obra em que o Reikiano encontrará um rico ensinamento baseado na mais pura essência do método Reiki: os poemas do Imperador Meiji e *Gokai* (5 Princípios do Reiki).

> *"No Reiki, a parte do conhecimento que ignoramos será sempre muito maior do que tudo que já aprendemos."*
>
> Johnny De' Carli

É a primeira vez que um grande Mestre de Reiki, como é Johnny De' Carli, apresenta um estudo em profundidade sobre os poemas do Imperador Meiji e suas mensagens; poemas muito especiais que foram selecionados pelo Mestre Mikao Usui para prosseguir no caminho até o *Satori* (Iluminação), purificando corpo, mente e espírito graças a sua prática. Poemas que nos inspiram e nos permitem ter acesso às mensagens que o Imperador Meiji transmitiu habilmente com seus versos e que as potências celestiais guardam para nós, secretamente escondidas em cada linha, em cada palavra e em cada poema e que nos são reveladas quando assim necessitamos e pedimos, consultando este *Oráculo do Reiki* e permitindo que a mensagem se revele de forma intuitiva, curadora e libertadora.

O Mestre Usui nos entregou não somente um método de cura capaz de recuperar a saúde e eliminar as enfermidades, como também nos mostrou um caminho de autoconhecimento e elevação espiritual através destes 125 poemas sabiamente escolhidos e contidos neste *Oráculo do Reiki*, que nos permite reconectar com nosso interior, potencializar nossa intuição e transcender a dualidade que nos limita para voltar à essência da verdade, manifestando a natureza da mente através da Luz intrínseca que já faz parte de todos nós e que nos traz paz interior e felicidade.

Este livro oracular é como um amigo fiel que nos ajuda a reconectar com essa Verdade Interior, recebendo assim as mensagens de nossa intuição e encontrando as respostas às questões mais difíceis as quais todo Reikiano costuma enfrentar. Mas não somente isso, como também, este *Oráculo do Reiki* é uma carícia para a alma, pois nos oferece um sem-fim de alimentos espirituais, através de sua leitura e desfrute, que nos enriquecem, curam e alegram a vida a cada mágico instante.

> *"Cada um dos 125 poemas do Reiki é um mistério, que deve ser decifrado pelo Reikiano e incorporado em seu coração."*
>
> JOHNNY DE' CARLI

Tudo no Universo está em constante mudança, em si, e podemos pensar que o único constante é a mudança e, portanto, devemos aprender a fluir e adaptar-nos à mesma, aceitando o presente como uma realidade única, aprendendo a soltar o passado para descobrir que somos os criadores de nossa realidade. Nesse sentido, se nos focamos no positivo e purificamos o pensamento, a palavra e a ação, criaremos uma realidade bonita e feliz, segundo nossos desejos pessoais. Este oráculo nos ajudará a tomar decisões nos momentos de dúvida, nos acalmará nos momentos de tensão e nos inspirará no tempo em que nos é chegada a hora de agirmos, para criarmos uma nova realidade de acordo com a nossa nova forma de entender a vida.

É sem dúvida um grande presente que o Mestre Johnny De' Carli tenha recebido a inspiração para criar esta bonita ferramenta, manifestando outra das grandes bondades do Reiki que vai mais além da simples cura por imposição das mãos e que nos permite crescer através do jogo, do humor e do amor, mas com o rigor e a seriedade que a vida de cada pessoa merece, ajudando-a a encontrar essa conexão consigo mesma e com o todo.

Se és um Mestre de Reiki, neste oráculo encontrarás uma ferramenta eficaz para compartilhar com teus alunos o legado do Mestre Usui e do Imperador Meiji, o que enriquecerá teus cursos e ajudará a todos a avançar no processo do Despertar. Se és um praticante de Reiki ou uma pessoa que tão somente estuda a arte da vida através do Reiki, neste livro encontrarás uma grande fonte de inspiração que, sem dúvida, te ajudará a crescer, sanar problemas e desfrutar de uma vida próspera e feliz.

Não posso, em uma data tão importante como este 150º aniversário de nascimento do Mestre Mikao Usui, deixar de lhe agradecer por sua grande generosidade ao compartilhar o Reiki

> *"Nossas dúvidas são as sementes rumo à sabedoria."*
>
> Johnny De' Carli

com todos nós e contribuir a expandir sua obra, assim como ao Mestre Johnny De' Carli por seu grande trabalho expandindo o Reiki por todo o mundo, pois tal como dizia Santa Teresa de Ávila: "*Obras são amores e não boas razões*".

Víctor M. Fernández
Presidente da Federação Europeia de Reiki Profissional.

"A boa amizade não necessita de palavras."
JOHNNY DE' CARLI

"Acredite em seu poder de vencer,
de prosperar e de modificar a sua realidade."

Johnny De' Carli

Prólogo

O *Oráculo do Reiki* nasceu como consequência de meu livro mais recente, o *Tarô do Reiki*. Não há como falar dessa obra, sem falar sobre a história do livro anterior.

Tudo começou em agosto de 2012, com o lançamento de meu livro *Reiki, Como Filosofia de Vida*[1], lançado oficialmente na Bienal Internacional do Livro, em São Paulo. Desde então, comecei buscar escrever, para meus alunos e leitores, algo que fosse totalmente novo para a comunidade Reikiana. Essa Luz somente começou a chegar, exatamente um ano depois, em 2013, na situação que narrarei a seguir.

Rita e eu planejamos a nossa agenda anual de cursos, seminários, palestras, eventos, congressos, viagens de crescimento e outros compromissos, já em janeiro de cada ano. Dessa forma, permite que as pessoas possam se organizar previamente e que comecem a se inscrever, nos diferentes eventos, imediatamente. Muitas vezes, nossos cursos ficam lotados com 90 dias de antecedência. Cancelar um evento, só se for da vontade de Deus ou por um motivo muito sério; situações que ocorreram poucas vezes nesses últimos 20 anos dedicados ao ensino e à difusão do método Reiki.

---

1 Publicado pela Editora Isis, São Paulo

"É natural o interesse em buscar conhecer as origens."

Johnny De' Carli

No início do mês de agosto de 2013, recebi o telefonema de meu amado irmão caçula, Carlos Ricardo De' Carli, também Engenheiro Agrônomo, informando que seu filho mais velho, meu também amado sobrinho Carlos Ricardo Stone De' Carli, noivo há algum tempo, iria se casar no dia 30 daquele mês, em Macapá, capital do Amapá. Comunicava que seria uma cerimônia civil simples e, na mesma noite, uma cerimônia kardecista exclusiva para a família. Lamentei retornando que nessa mesma data tínhamos um curso agendado, já praticamente lotado.

Veio-me o conflito entre a palavra dada aos alunos, o compromisso com o trabalho, a responsabilidade assumida e a energia que vem do coração: o amor. Orei pedindo um esclarecimento, meditei, refleti e tomei a decisão de ir ao casamento. Disse a Rita: *"Se fosse um enterro, cancelaríamos o curso e iríamos nos juntar à família num momento de sofrimento. Decidi que nos reuniríamos com a mesma num momento de alegria!"*

Ela prontamente acatou e apoiou minha decisão. Adiamos o curso. Compramos dois bilhetes aéreos com os trechos: São Paulo - Brasília; Brasília - Belém e, posteriormente, Belém - Macapá, já no Hemisfério Norte. Chamou-nos a atenção que uma viagem interna no Brasil, pela carga tributária, pudesse ter um custo superior a uma viagem para a Europa. Tenho a certeza de que foi muito bom, faria tudo outra vez. Estivemos com minha mãe, irmão, cunhada e sobrinhos. No dia seguinte, fomos todos a um hotel de selva, passar a "Lua de Mel" com o casal, presente dado por minha mãe.

Nessa viagem, depois de manifestar essa intenção, ganhei um livro usado, mas em excelente estado de conservação, que ainda não tinha lido, de meu sobrinho que acabara de se casar, a obra *O Diário*

"Dê bastante atenção a sua família, ela é a base de tudo."
Johnny De' Carli

de um Mago[2], de Paulo Coelho. Foi o primeiro livro escrito por esse renomado autor brasileiro. O livro foi gentilmente dedicado por meu sobrinho com os seguintes dizeres:

> *"Macapá/AP, 31/08/13*
>
> *Amado Tio Johnny,*
> *Fico muito feliz com a sua presença em meu casamento, um dos eventos mais importantes em minha vida. Saiba que você é um exemplo para mim. Continue sendo esse farol de Luz. Um dos guias de nossa peregrinação.*
>
> *Com carinho,*
>
> *Ricardinho*
> *P.S. Obrigado pela caneta!"*

Li o livro com muita atenção, que é um diário que narra a peregrinação do autor Paulo Coelho, no Caminho de Santiago de Compostela – Espanha, em busca de sua "espada" (missão, conhecimento e sabedoria), o que, ninguém tem dúvidas, ocorreu. Tomei a decisão de fazer o Caminho de Santiago de Compostela a fim de receber um esclarecimento do "Alto", para um novo livro. A questão era: "quando peregrinar?" Já que somos tão ocupados.

Em janeiro de 2014, enquanto planejávamos nossa agenda para o ano, deparamo-nos com a situação da *Copa do Mundo de 2014* que aconteceria em nosso país entre 12 de junho a 13 de julho. Como não gostamos de muita agitação, tomamos a decisão de ir à Espanha, nesse mesmo período, a fim de escrever um novo livro.

---

2 Publicado pela Editora Planeta, 1987

"Cada acontecimento tem sua consequência na eternidade."
JOHNNY DE' CARLI

No dia 10 de junho de 2014 (terça-feira) decolei, juntamente com minha esposa, às 22h50min, pela TAM, do aeroporto de Guarulhos rumo a *Madrid*. Pegamos um voo de retorno no dia 11 de julho, o que permitiu que ainda assistíssemos ao jogo final da Copa do Mundo, que culminou com o tetracampeonato da Alemanha.

O livro *Tarô do Reiki* nasceu nesse período de 31 dias de introspecção, em solo sagrado espanhol de peregrinação. Nessa mesma viagem, a exemplo do que fazemos todos os anos em Machu Picchu – Peru, decidimos retornar periodicamente ao Caminho de Santiago de Compostela, a fim de peregrinar com os nossos alunos de Reiki, para que todos possam ter as suas próprias experiências. Além do livro, nasceu uma nova, prazerosa e espiritual atividade para nós.

O livro *Tarô do Reiki* foi publicado oficialmente no Brasil, no mês de outubro de 2014. Após "assustar" um pouco a comunidade Reikiana, por se tratar de algo totalmente novo, com as graças do Pai, nos meses subsequentes, tornou-se um campeão de vendas entre os livros de Reiki.

Estimulado com o sucesso da obra *Tarô do Reiki*, a fim de escrever um novo livro, este que você lê neste momento, no dia 25 de maio de 2015 (segunda-feira), do Terminal 1 do Aeroporto Internacional do Rio de Janeiro (Tom Jobim), pelo voo IB 6024 da empresa aérea IBERIA, acompanhado por um numeroso grupo de Reikianos, decolamos às 18h45min rumo a Santiago de Compostela - Espanha, a fim de receber a devida inspiração do "Alto".

Certa vez, disse Albert Einstein:

"Não existe nenhum caminho lógico para a descoberta das leis do Universo, o único caminho é a intuição."

"Executar algo é mais importante que planejar."
JOHNNY DE' CARLI

Vale lembrar que o próprio método Reiki foi desenvolvido pelo Mestre Mikao Usui, fazendo uso de dons metafísicos. Consta o seguinte registro no memorial a Mikao Usui: *"Um dia, o Sr. Usui subiu o Monte Kurama, onde iniciou penitência. Enquanto jejuava, sentiu, no 22º dia, a grande energia Reiki sobre a cabeça. Assim, ao mesmo tempo em que era despertado espiritualmente, adquiria o poder terapêutico da energia Reiki."*

Disse também Albert Einstein: *"Deus não nos fez perfeitos e não escolhe os capacitados, capacita os escolhidos."*

Mikao Usui foi um escolhido, foi iniciado no Reiki diretamente por Deus, após 22 dias de jejum e meditação.

O livro *Oráculo do Reiki* nasceu em solo sagrado espanhol de peregrinação, nos meses de maio e junho de 2015. Nesse período de introspecção, fazendo uso de dons metafísicos, principalmente a intuição, como pregava Einstein.

Essa obra foi materializada em oito locais distintos do Caminho de Santiago de Compostela. Foram eles:

1º "Gran Hotel Lugo" em Lugo – Espanha (Av. Ramón Ferreiro, 21);

2º "Albergue Berce do Camiño" em Triacastela – Lugo – Espanha (Av. Camilo José Cela, nº 11);

3º "Albergue O Durmiñento" em Sarria – Lugo – Espanha (Rua Maior, nº 44), onde fui maravilhosamente bem recebido pela gerente Maria Urrutia;

4º "Albergue Mesón de Rodrigez" em Portomarín – Lugo – Espanha (Rua Fraga Iribarne, nº 6);

5º "Albergue Castro" em Palas de Rey – Lugo – Espanha (Av. de Ourense, nº 24). Minha gratidão aos gerentes Fernando Torreiro e Jesús Torreiro, por me acolherem sem nada me cobrarem pela hospedagem, ao perceberem que eu escrevia um livro;

"A melhor parte das nossas vidas está nas nossas boas amizades."
Johnny De' Carli

6º "Albergue Don Quijote" em Arzúa – A Coruña – Espanha (Rua Lugo, nº 130);

7º "Pensión Arca" – Pedrouzo – O Pino – A Coruña – Espanha (Av. de Santiago, nº 23);

8º "AC Palacio Del Carmen Hotel" em Santiago de Compostela – Espanha (Rua Oblatas, s/nº).

"Albergue Castro" em Palas de Rey – Lugo – Espanha.

> *"O ouvido interior, sintonizado com Deus,*
> *ouve coisas extraordinárias."*
> JOHNNY DE' CARLI

Apresentação

Viver no presente é um dos principais legados de diversos pensadores e seres iluminados como Jesus, Buda, Osho, Krishnamurti, Einstein entre tantos outros. É a base de uma vida plena, a base da meditação e é a base dos 5 Princípios do Reiki, que sempre começam com *"Só por hoje..."*.

Mestre Johnny foi tão iluminado e conectado com o Divino, que nos traz um livro onde vejo essa essência. Um livro que nos ajuda a lidarmos com nossas angústias e incertezas, as quais nos impossibilitam viver no presente, e que reforça nossos caminhos e missão. Os livros para o Johnny vêm como revelações e sempre me lembro de uma citação de um dos maiores cientistas e inventores, Nikola Tesla: *"A ideia veio como um relâmpago e num instante a verdade foi revelada."*

Em seu novo livro, Johnny nos traz uma ferramenta extraordinária de crescimento, autoconhecimento e superação. Uma vez ao dia escolhe-se uma carta, lê-se o poema do Imperador Meiji escrito nela, poemas que o próprio Mikao Usui recomendava, para, então, ler sua mensagem e significado no livro, na carta correspondente. Talvez um exemplo explique melhor a grandiosidade do *Oráculo do Reiki* e como ele nos afeta e ajuda. No dia em que o Mestre Johnny me convidou para conhecer esta obra, ele pediu para que eu escolhesse uma carta. Veio-me o número 32 na

> *"A ternura para com os animais está entre as mais elevadas virtudes humanas."*
> JOHNNY DE' CARLI

consciência e fomos vê-la. Ela falava sobre paternidade! Como seria possível? Eu estava passando justamente pela primeira experiência magnífica de ser pai de uma criança com ainda 9 semanas de vida na barriga da minha companheira, uma mulher incrível, gerando um ser incrível. Resolvi ver outra carta, número 93 e pronto, outra mensagem de paternidade. Apenas poucas cartas falando diretamente sobre paternidade em um baralho de 125 cartas e eu tirei justamente duas que se relacionavam exatamente com as emoções que estava vivenciando naquele momento. Meu ser se exaltou com o vislumbre de que tantas outras pessoas teriam acesso a uma ferramenta tão importante que é este livro. Tantos Reikianos, alunos, professores e não Reikianos.

Albert Einstein tinha razão quando disse: *"Deus não joga dados com o Universo"*.

Para tudo há um propósito e este livro nos ajuda em nossa evolução como seres espirituais.

O professor, mestre, escritor, amigo, Johnny De' Carli é assim, uma dessas figuras que ajudam na evolução do mundo e das pessoas através da abrangência de suas obras. Que nos faz bem estar perto, pois vai além de algo racional, além do aprendizado consciente. Há algo mais. Seus livros tiveram imenso papel na minha jornada para que eu encontrasse meu caminho no Reiki, partindo de um curso de Reiki em 2003, já formado como Médico Veterinário, para hoje, onde sou realizado e pleno em minha missão atendendo somente com Reiki meus pacientes animais e o disseminando, juntamente com o que esses seres querem nos ensinar, através dos cursos, onde insiro a questão dos animais e de uma página no Facebook chamada "Reiki Veterinário". Seus livros, sua presença, seu ser, nos transmitem algo que, quando tentamos descrever, perdemos a totalidade. Apenas a conseguimos, sentindo-a.

> *"Esteja receptivo para aprender a amar com os animais."*
>
> Johnny De' Carli

O Mestre Johnny, devido a sua postura humilde, talvez não tenha uma real percepção da importância de seus livros para as pessoas em todo o mundo. Até hoje eles me fascinam; mostro-os em meus cursos e, em poucas semanas, meus alunos me escrevem também fascinados! Os livros do mestre e amigo Johnny De' Carli são daqueles livros onde se percebe que há algo a mais ali. Há uma parte do escritor, há uma parte da Divindade e se você se livrar de todos os julgamentos e conceitos preconcebidos, isso chegará a você.

Leia, perceba, assimile e deixe este livro mudar sua vida e auxiliar em seu caminho pessoal de crescimento como ser pleno.

Boa leitura!

Prof. (MSc.) Ricardo Garé

Observação: Em 2008, o Médico Veterinário Ricardo Rodrigues Garé recebeu o primeiro título de "Mestre em Ciências", pela renomada Universidade de São Paulo – USP, Faculdade de Medicina Veterinária e Zootecnia, com a Tese "Efeitos do Reiki na evolução do granuloma induzido através da inoculação do BCG em hamsters e do tumor ascítico de Ehrlich induzido em camundongos".

> *"Adquirir uma mercadoria originária de uma espécie animal ameaçada é patrocinar a sua extinção."*
>
> JOHNNY DE' CARLI

"Sabe-se muito sobre o Reiki,
mas ainda muito pouco se entende e explica."

Johnny De' Carli

Nota do Autor

O *Oráculo do Reiki* é uma ferramenta de aperfeiçoamento diário, composto por 125 lâminas. Interagir com essas 125 lâminas, cada uma contendo uma distinta mensagem espiritual, selecionadas pelo Mestre Mikao Usui, descobridor do Reiki, nas mais variadas áreas possíveis, através do *Oráculo do Reiki*, acarreta uma conexão subconsciente, mas direta com a alma humana e com o mundo espiritual. Da mesma maneira que o formato de uma chave é o mecanismo através do qual se consegue abrir uma porta, um poema do Reiki é a chave para abrir a porta de nossa alma. Cada um dos 125 poemas tem alguma coisa a nos oferecer ou dizer, basta nos conectarmos, no nosso caso, através do *Oráculo do Reiki*.

Cada poema pode ser considerado um arcano, que significa mistério, aquilo que está oculto, a "chave" necessária para a compreensão de algo. Estes arcanos nos remetem a um caminho de evolução espiritual, é a jornada do indivíduo para a compreensão do Eu. São "pontes" para o Macrocosmo e são considerados instrumentos importantíssimos de meditação, pois mostram muito da trajetória do ser humano. Por isso que o *Oráculo do Reiki*, com os seus 125 Poemas, é um instrumento de orientação pessoal. Ele organiza as ideias, clareia o caminho e é altamente terapêutico. Sua função é mostrar, é iluminar, é dar um entendimento daquilo que está implícito no nosso eu

"Ser a cada dia um pouco melhor que o dia anterior.
Eis o grande objetivo da vida."
JOHNNY DE' CARLI

para, a partir daí, buscarmos uma compreensão do que precisa ser transformado para se alcançar uma nova consciência.

Todos os 5 Princípios do Reiki pregam o *"Só por hoje" (Kyo dake wa)*. Recomenda-se interagir e refletir sobre uma única mensagem diariamente. Incorpore também esse hábito às pessoas mais próximas.

Cada uma das 125 lâminas traz uma imagem, escolhida com a ajuda de um pêndulo egípcio. O pêndulo é um instrumento utilizado na prática de Radiestesia, a fim de traduzir as informações que chegam ao consciente. O pêndulo egípcio original foi encontrado em uma câmara funerária do Vale dos Reis. Trata-se de um pêndulo de madeira com exatos 22 gramas e com 11 cm de comprimento. Este pêndulo é extremamente sensível e, por isso, muito útil em Radiestesia Mental. Contém chumbo na parte interna, é neutro, visto que nenhuma emissão pode impregná-lo. Quando girado intencionalmente no sentido horário, emite a onda mental desejada.

Pode-se afirmar que qualquer pessoa é capaz de utilizar o pêndulo; é tudo uma questão de prática. Para isso, é necessário programá-lo para respostas de sim e não. Por exemplo: quando o pêndulo gira no sentido horário, a resposta é sim e quando gira no sentido anti-horário, a resposta é não. Essa foi a ferramenta utilizada para dirimir dúvidas que tivemos na escolha das imagens contidas nas lâminas do *Oráculo do Reiki*.

"O melhor preparativo para o amanhã é o uso certo do hoje."
Johnny De' Carli

Introdução

O Mestre Mikao Usui, descobridor do método Reiki, era profundamente ligado às ciências divinatórias. Essa informação não é uma suposição, está narrada na grande pedra de seu memorial localizado em Tóquio; em parte da mensagem aparece a seguinte informação:

> "... *Detinha uma vasta gama de conhecimentos, desde História, Ciência Médica, Cristianismo e Budismo, Psicologia, até o mágico reino das fadas,* **Ciências Divinatórias** (o grifo é nosso) *e fisiognomonia...*"

Refletindo sobre a citação acima, não ficam dúvidas de que o Reiki, além de ser uma técnica terapêutica e uma filosofia de vida extremamente eficaz, foi complementado, de alguma forma, com as ciências divinatórias pelo Mestre Mikao Usui.

Certa vez, Albert Einstein disse:

> "*A coisa mais bela que podemos experimentar é o mistério. Essa é a fonte de toda a arte e ciências verdadeiras.*"

Como dizia Einstein, o *Oráculo do Reiki* é uma ferramenta misteriosa de orientação pessoal diária e de autoconhecimento; ele organiza as ideias, clareia o caminho e é altamente terapêutico.

> "*A verdade muitas vezes incomoda. Não incomoda, no entanto, àqueles que não desejam ignorá-la.*"
> JOHNNY DE' CARLI

Objetiva ajudar o indivíduo a partir de orientações gerais. Tem a função de mostrar, iluminar, dar um entendimento daquilo que está implícito no nosso eu para, a partir daí, buscarmos uma compreensão do que precisa ser transformado, a fim de trazer felicidade.

De acordo com Albert Einstein, os segredos do Universo são revelados por Deus, de forma codificada a pessoas escolhidas, como o Imperador Meiji e o Mestre Mikao Usui. Os poemas do Reiki, dessa maneira revelados, são vistos como uma filosofia de vida que ensina aos Reikianos formas de superar obstáculos para evoluir e atingir a paz espiritual.

Albert Einstein
(14/03/1879 a 18/04/1955)

> *"Uma coleção de poemas deve ser uma farmácia espiritual, onde se encontra medicamentos para qualquer coisa que nos desvie do caminho do bem."*
>
> Johnny De' Carli

Capítulo 1

O Japão, o Imperador Meiji, o Mestre Mikao Usui, o Reiki e a Metafísica

A história do Japão é dividida em períodos ou eras. Falaremos aqui somente do período Meiji (1868-1912), que se inicia com a ascensão do Imperador Meiji, o qual mudou a capital para Tóquio e programou uma ampla restauração no país. Nesse período, o país travou duas ferozes guerras, uma contra a China, em 1895, e outra contra a Rússia, em 1905. Por esses motivos, o Imperador Meiji faz tantas referências à guerra em seus poemas, como você verá mais à frente.

O Imperador Meiji, cujo nome era Mutsuhito, assumiu o trono em 1867. Jovem e carismático, foi o 122º Imperador do Japão. Ficou conhecido como um símbolo da modernização do Japão. Marcou o início de uma revolução nacional, levando o país a tornar-se poderoso mundialmente. O Imperador Meiji foi o primeiro a conceder títulos de posse das terras aos agricultores e instituiu a escola pública para todos os cidadãos japoneses. O Presidente dos Estados Unidos Theodore Roosevelt certa vez disse:

"O povo japonês deve ser feliz por ter tão grande Imperador. O Japão progredirá e se desenvolverá com o Imperador Meiji."

> *"Comandar grandes obras é ainda mais árduo do que realizar grandes obras."*
>
> Johnny De' Carli

No Japão, o "Dia da Cultura" *(Bunka No Hi)* é um feriado nacional que acontece anualmente no dia 3 de novembro, em homenagem ao dia do nascimento do Imperador Meiji. Esse feriado almeja promover a cultura, as artes e o empenho acadêmico. Geralmente as festividades incluem exibições artísticas, desfiles e cerimônias para presentear artistas e estudiosos famosos.

O Imperador Meiji não falava muito, mas escreveu dezenas de milhares de poemas para se expressar. Esses poemas são conhecidos como "grande poesia" na literatura japonesa ou como *Gyosei*, escritos na forma poética *waka*. Um *waka* é um poema de cinco versos, cujo primeiro verso consta de cinco sílabas; o segundo, de sete; o terceiro, de cinco e o quarto e o quinto, de sete cada um (5-7-5-7-7). Cada poema tem um título. No original, estão escritos em japonês antigo, extinto em 1945. Vale registrar a dificuldade em traduzir textos escritos em *kanji* arcaico. Na tradução, naturalmente, não foi possível respeitar a quantidade tradicionalmente prescrita de 31 sílabas, convertendo-se, algumas vezes, a *waka* em poema com versos maiores ou menores que o original.

As pessoas que fazem história não têm tempo de escrevê-la. A exemplo de Jesus e Buda, Mikao Usui não deixou nada escrito de seu próprio punho. Há muito poucos documentos oficiais no Reiki, basicamente há somente dois: a apostila conhecida como *"Usui Reiki Ryoho Hikkei"*, em que há uma importante entrevista concedida pelo próprio Mestre Usui e a escritura talhada no memorial a Mikao Usui, escrita logo após a sua morte pelas pessoas mais próximas a ele. Em ambos os documentos, o Imperador Meiji é citado.

Logo após a transição de Usui, um memorial foi construído pela organização de Reiki *"Usui Reiki Ryoho Gakkai"*, em fevereiro de 1927, sendo por ela mantido até hoje. A sepultura

> *"O verdadeiro poema consiste em melhorar o bem-estar da humanidade."*
>
> Johnny De' Carli

e o memorial do Mestre Usui estão localizados em um cemitério público, junto ao Templo Saihoji, no distrito Sujinami, em Tóquio. O memorial consiste de uma única grande pedra de cerca de 1,20 m de largura e 2,50 m de altura. Nela, escrita em antigo *kanji* japonês, encontra-se uma inscrição sobre a vida de Mikao Usui, a experiência da descoberta e o uso do método Reiki. Perto da pedra foram colocadas as cinzas de Usui, juntamente com as de sua mulher e de seu filho Fuji.

A palavra mais clara é sempre aquela que é verdadeira: no memorial não há lendas. O texto foi escrito por Juzaburo Ushida, que se tornou Presidente da organização criada pelo Mestre Usui, *"Usui Reiki Ryoho Gakkai"*, após a morte de Mikao Usui e foi editado por Masayuki Okada, doutor em literatura e membro da organização.

O japonês antigo, utilizado até o ano de 1945, é de difícil compreensão, inclusive para os próprios japoneses mais jovens. A tradução para o japonês moderno foi feita pelo *Sensei* Doi Hiroshi, membro ativo da *Gakkai*, em 1º de janeiro de 1998, na cidade de Ashiya. A tradução para o inglês foi feita por Tetsuyuki Ono, em 19 de junho de 1998, na cidade de Takarazuka. Em outubro de 1998, quando estive no Japão pela primeira vez, recebi esta tradução das mãos de meu Mestre de Reiki, o *Sensei* Fuminori Aoki. Pedi à Mestre de Reiki Elizabeth Barros de Sá, minha aluna em Copacabana – RJ, professora de inglês e português, que providenciasse a tradução para o português, concluída em 18 de novembro de 1998. A tradução foi publicada pela primeira vez, no Ocidente, em meu segundo livro ("Reiki, A Terapia do Terceiro Milênio", em janeiro de 1999). Em parte da mensagem da grande pedra que compõe o memorial aparece a seguinte informação:

"A história é um quebra-cabeças
no qual falta o maior número de peças."
JOHNNY DE' CARLI

"Revendo os fatos, entendo que a terapia Reiki objetiva não somente tratar problemas de saúde, mas também corrigir a mente através de uma habilidade espiritual enviada por Deus, mantendo o corpo saudável e desfrutando uma vida de bem-estar. Ao ensiná-la às pessoas, devemos primeiro fazer com que percebam as últimas instruções do **Imperador Meiji** (o grifo é nosso) *e celebrem os 5 Princípios, pela manhã e à tarde, a fim de mantê-los sempre em mente.*

São eles:

1. *Não se zangue por hoje;*
2. *Não se preocupe;*
3. *Expresse sua gratidão;*
4. *Seja aplicado e honesto em seu trabalho;*
5. *Seja gentil com os outros.*

No segundo e último documento, a apostila conhecida como "*Usui Reiki Ryoho Hikkei*", em parte da entrevista concedida pelo próprio Mestre Usui, aparece a seguinte informação:

Entrevistador: *O que é "Usui Reiki Ryoho"* (Técnica Terapêutica Reiki Usui)*?*
Mikao Usui: *A técnica objetiva, primeiramente, a saúde da mente e, secundariamente, saúde física para treinar e fortalecer a mente e o físico. Serve também para direcionar um caminho correto de vida, observando as palavras deixadas pelo* **Imperador Meiji** (o grifo é nosso). *Se a mente estiver no caminho correto e saudável, o corpo físico será fortalecido naturalmente. Sendo assim, será missão da "Usui Reiki Ryoho" completar física e psicologicamente uma vida com paz e prazer, ajudando no tratamento de problemas de saúde de outros e promovendo, assim, a felicidade de si próprio e de terceiros.*

> *"Os grandes líderes projetam-se mais através do exemplo do que através do poder."*
> Johnny De' Carli

Refletindo sobre a citação acima *"Serve também para direcionar um caminho correto de vida"*, não ficam dúvidas de que o Reiki, além de ser uma técnica terapêutica extremamente eficaz, é também uma filosofia de vida, uma maneira de viver, pautada nos ensinamentos do Imperador Meiji, lamentavelmente, tão pouco citado nos livros de Reiki ocidentais.

Certa vez o cientista Isaac Newton disse:

> *"Eu avistei mais longe que muitos porque*
> *fiquei de pé em ombros de gigantes."*

O Imperador Meiji foi um desses "gigantes" e o Mestre Mikao Usui foi um grande admirador dele. Os 5 Princípios do Reiki, o alicerce da parte filosófica do Reiki, vieram desse Imperador.

O Imperador Meiji escreveu mais de 100 mil poemas. O descobridor do Reiki, o Mestre Mikao Usui, selecionou uma pequena parte desses poemas, apenas 125, incluindo-os em sua apostila, denominada *"Usui Reiki Ryoho Hikkei"*, que era entregue aos seus alunos de Reiki. Os poemas eram recitados, ou cantados, de uma forma muito específica. O cântico, a cadência e o ritmo ajudam a desenvolver uma consciência atenta e a purificar a mente. No Japão, a *"Usui Reiki Ryoho Gakkai"*, organização fundada pelo próprio Mestre Usui, durante o *Shuyokai* (seminário), dirigido por um Mestre de Reiki, os praticantes do método mantêm a tradição de cantar poesia *waka*, como alimento espiritual.

Após conhecer o trabalho de ambos (Imperador Meiji e Mestre Usui), não tive dúvidas que fizeram uso de faculdades paranormais extremamente desenvolvidas. Sem dúvidas, a metafísica está presente no Reiki. Sem uma grande "ajuda externa", seria impossível, ao Imperador Meiji, a façanha de escrever dezenas

> *"A verdadeira maestria consiste em saber*
> *como aumentar a felicidade coletiva no planeta."*
> JOHNNY DE' CARLI

de milhares de poemas, todos com 31 sílabas em *kanji* arcaico. O Imperador era dotado de uma grande atividade mediúnica, conforme disse o Mestre de Reiki Doi Hiroshi, membro da "*Usui Reiki Ryoho Gakkai*":

> "*O Imperador Meiji era um* **grande sensitivo** (o grifo é nosso). *Sua bondade era irradiada por todo o país, como o Sol. Era tolerante e abundante como o oceano, sua vontade era forte, sua crença era cheia de amor e tão ampla quanto a terra.*"

Cada um desses poemas é um mistério, cuja resposta deve ser desvendada pelo leitor; uma vez entendida, a mensagem nos transforma abrindo uma nova janela para a evolução. O poeta Meiji conectava-se com um tipo de "consciência muito elevada", ainda desconhecida pela grande maioria. Dessa forma, escrevia de forma altruísta, visando sempre a transformar o ser humano, a fim de melhorar o planeta.

O Mestre Mikao Usui trouxe esses poemas para o Reiki, pois via o Reiki não só como uma técnica terapêutica, mas também como um caminho de evolução espiritual ou expansão da consciência. O que digo aqui não é uma suposição, essa informação pode ser comprovada na apostila conhecida como "*Usui Reiki Ryoho Hikkei*", que contém a entrevista concedida pelo próprio Mestre Usui, em que aparece a seguinte informação:

Entrevistador: *A "Usui Reiki Ryoho"* (Técnica Terapêutica Reiki Usui) *trata somente problemas de saúde?*
Mikao Usui: *Não somente problemas de saúde. Pode também corrigir maus hábitos, tais como angústias, debilidades, timidez, indecisões e nervosismo. Com a energia Reiki,* ***o coração se torna semelhante a Deus ou Buda*** (o grifo é nosso), *trazendo felicidade para si mesmo e para terceiros.*

> *"O Reiki é um "farol" que nos leva de volta à Grande Luz."*
> Johnny De' Carli

Nessa mesma entrevista, o Mestre Mikao Usui deixa claro que descobriu o Reiki fazendo uso unicamente de propriedades metafísicas, conforme fica explícito em sua resposta abaixo:

Entrevistador: *Como a Usui Reiki Ryoho* (Técnica Terapêutica Reiki Usui) *funciona?*
Mikao Usui: *Esta técnica não me foi transmitida por ninguém, nem a pesquisei para obter a capacidade de trabalhar com o Espírito Universal (Rei). Durante a prática do jejum, tive contato com a Atmosfera Universal e recebi uma sensação espiritual, descobrindo, assim, uma capacidade espiritual terapêutica. Deste modo, eu mesmo sinto dificuldade para explicar claramente o fenômeno. Atualmente, cientistas e estudiosos estão pesquisando sobre o assunto, embora, no momento, não haja uma definição científica. Virá, sem dúvida, o dia em que o assunto será esclarecido cientificamente.*

"Cresça pelo caminho do seu coração, não pelo da sua mente. Você nunca encontrará Deus na sua mente."
JOHNNY DE' CARLI

"Aquele que se atreve a atender,
jamais deveria cessar de aprender."

Johnny De' Carli

Capítulo 2

As Ciências Divinatórias

Ciência é uma palavra que deriva do termo latino "*scientia*", que significa conhecimento ou saber. Atualmente, designa-se por ciência todo o conhecimento adquirido através do estudo ou da prática, baseado em princípios certos.

Lamentavelmente, ainda há muito preconceito envolvendo as "Ciências Divinatórias". Certa vez, disse Albert Einstein:

"Triste época! É mais fácil desintegrar um átomo do que um preconceito."

O termo "divinatória" vem do latim "*divinare*", que significa: predizer, prever o futuro, adivinhar ou pressentir. Divinação ou adivinhação é o ato ou esforço de predizer coisas distantes no tempo e no espaço, especialmente o resultado incerto das atividades humanas. A divinação busca determinar o significado ou as causas ocultas dos acontecimentos, predizendo às vezes o futuro, por meio de práticas variadas. As técnicas divinatórias têm como base um oráculo e/ou recursos "místicos", tais como: interpretação dos sonhos, astrologia, numerologia, bolas de cristal, cartas de tarô, baralho cigano, runas, búzios, cafeomancia, tábuas ouija, pêndulos, etc.

É uma arte milenar, tanto que é possível encontrar na Bíblia inúmeras passagens onde as pessoas faziam uso da divinação. Por exemplo: na Israel antiga, os sacerdotes faziam uso de duas pedras

"A Ciência é o caminho para se chegar a Deus pela razão."
Johnny De' Carli

de nomes Urim e Tumim para obterem as respostas convencionadas por "sim" ou "não".

Rita De' Carli, em seu livro de Tarô, diz que:

"A divinação é uma porta de acesso para outra realidade que nunca entraremos se mantivermos nosso pensamento racional e linear. No momento que aceitarmos a existência de outra realidade paralela a nossa, tudo se torna mais claro. Para começarmos, devemos olhar para o tempo de uma forma diferente, não como nós o conhecemos no sentido de passado, presente e futuro, onde tudo é uma linha reta. Tentemos olhar para o tempo como uma unicidade em que o passado, o presente e o futuro se encontram todos ao mesmo tempo, numa aparente aleatoriedade.

Poderíamos, então, entender que todas as informações já existem dentro de um todo e que, num determinado momento, podemos acessar uma partícula deste todo e assim trazemos toda informação desejada até a nossa percepção.

Seria como buscar informações num computador, elas existem em algum lugar invisível aos nossos sentidos, mas quando ligamos o equipamento conseguimos trazer a informação até nós.

Nossa vida não está toda traçada. O que existe são probabilidades, são caminhos a seguir e nós podemos modificar a situação para melhor ou para pior. Seria como ligar um rádio e escolher a música que mais nos agrada.

É dessa forma que devemos entender o que nos chega pelos oráculos. Elas já existem num arquivo intemporal que podemos acessar por meio do conhecimento prévio da simbologia e estrutura das lâminas associadas com a nossa intuição."

> *"Cada um é criador do seu próprio destino.*
> *Antes cautela que arrependimento."*
> JOHNNY DE' CARLI

Capítulo 3

Método de Leitura

O método de leitura que apresento foi criado por mim, baseado na orientação filosófica do Reiki de vivermos um dia de cada vez; o *"Só por hoje"* presente nos 5 Princípios do Reiki. Deve ser feito logo cedo e expressará a orientação do *Oráculo do Reiki*, em distintos aspectos da vida, para aquele mesmo dia.

Não há necessidade de ser um iniciado no Reiki para que o oráculo funcione.

O *Oráculo do Reiki* pode ser utilizado em qualquer lugar, inclusive em locais públicos e movimentados (praças, calçadões, etc.), apesar de não ser o ideal. O Divino permeia qualquer ambiente, de forma alguma se limita a determinados locais. Fazer uso do *Oráculo do Reiki* depende da própria pessoa e não do ambiente externo.

Apresento a sequência que costumo seguir ao utilizar o *Oráculo do Reiki*, com esse método tenho obtido resultados incrivelmente positivos. Siga o seguinte procedimento:

01. Realize o seu centramento com algumas respirações profundas ou faça uma breve autoaplicação de Reiki;
02. Com as mãos em prece, faça uma oração visando a sua conexão com Deus;
03. O consulente deve embaralhar as lâminas, imaginando as perguntas de sua vida, sob todos os aspectos (família,

"Procure ser uma pessoa em busca do aperfeiçoamento diário."
Johnny De' Carli

relacionamento, dinheiro, objetivos, trabalho, etc.), que deverão ser elaboradas de forma muito objetiva;

04. O consulente deve cortar com a mão esquerda, separando em três montes (a mão esquerda está diretamente ligada ao hemisfério direito do cérebro, onde desenvolvemos potenciais que a nossa mente consciente desconhece, é por meio dele que afinamos nossa intuição e desenvolvemos o nosso aspecto sensorial);
05. Junte os montes na forma que lhe convier, espalhe as 125 lâminas sobre a mesa, ocasião em que o consulente deve tirar uma única lâmina, aleatoriamente, novamente com a mão esquerda;
06. Consulte a "Mensagem Oracular" no livro que acompanha as 125 cartas;
07. Com as mãos em prece, faça outra oração de agradecimento.

Observação: Certa vez Albert Einstein disse: *"Nada é por acaso. Deus não joga dados com o mundo."* Não se preocupe, quando a intenção é boa, o embaralhamento, bem como a retirada da carta contendo o poema, sempre ocorre de acordo com o Propósito Divino.

"Maiores conhecimentos implicam maiores responsabilidades."
Johnny De' Carli

Capítulo 4

Mensagens Oraculares de cada um dos 125 Poemas do Reiki escritos pelo Imperador Meiji

Imperador Meiji
(03/11/1852 a 30/07/1912)

"Compartilhar, eis o grande e seguro caminho para a plenitude."
Johnny De' Carli

> *"No nosso mundo material, tudo se encontra em constante movimentação."*
>
> Johnny De' Carli

Mensagem Oracular

A mensagem sugere que o consulente está passando ou caminha para um período intenso de mudanças e transformações no nível material. Afinal, o mundo é um local de transformações, nada é imutável, tudo flui, estamos em constante movimentação, a mudança é a lei da vida, tudo muda, as situações e as pessoas. Neste período de renovações, recomenda-se despir-se dos excessos, tornar-se mais leve, provocando um vazio para que uma nova vida se faça no próximo ciclo.

O momento é de buscar o equilíbrio, intensificando o seu trabalho de autoaplicação com a energia Reiki ou outras atividades Divinas, que não mudam e sempre serão as mesmas.

O Mestre Mikao Usui seguramente selecionou esse poema em respeito ao Princípio do Reiki *"Só por hoje, não se preocupe."*

Reflita sobre as palavras de Santa Tereza D' Ávila:

"Tudo passa, só Deus não muda."

"Não existe um momento estático em que tudo estabiliza de uma determinada forma. O bom e o ruim mudam."
Johnny De' Carli

2

PARAÍSO (CÉU)

"Eu queria que meu coração pudesse ser tão claro e amplo como o grande céu e o verde campo da Primavera."

Imperador Meiji

"A pessoa que não aprendeu a dividir, não aprendeu a amar."

JOHNNY DE' CARLI

Mensagem Oracular

A mensagem orienta que o consulente procure buscar um equilíbrio maior entre as atividades espirituais e as materiais. Todo o excesso é negativo, qualquer exagero é extremamente prejudicial ao ser humano, sem exceção.

O Mestre Mikao Usui seguramente selecionou esse poema em respeito ao Princípio do Reiki "*Só por hoje, faça seu trabalho com amor e honestamente*" e, também, para que se evitasse o fanatismo, inclusive no método Reiki. Em tudo, até no Reiki, essa atitude é prejudicial.

O Budismo, filosofia de vida do Mestre Usui, baseia-se na moderação e prega o "caminho do meio", um ponto equidistante entre os extremos. Buda ensinou ser esta a forma de chegar ao equilíbrio. Seguir o "caminho do meio" é uma forte estratégia para se evitar cair num fanatismo desastroso.

Reflita sobre as palavras de Henrik Ibsen:

"Moderação é a primeira virtude de um cidadão."

"Em tudo, até no Reiki, o fanatismo é prejudicial."
Johnny De' Carli

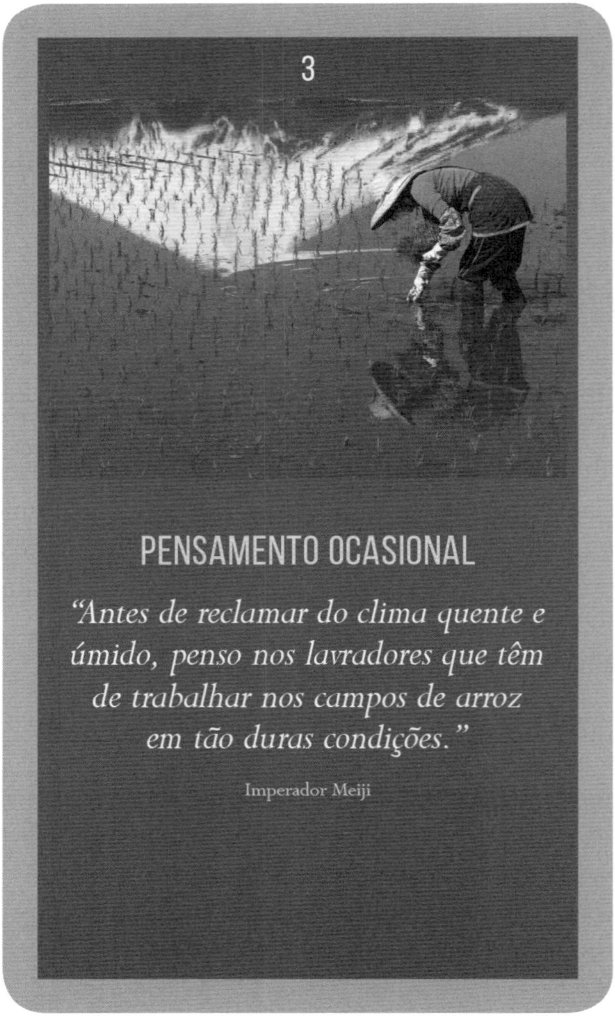

> *"Devemos deixar de protestar para que as coisas mudem positivamente na vida. É importante estarmos resignados."*
>
> Johnny De' Carli

Mensagem Oracular

A mensagem orienta que o consulente deve deixar de reclamar da vida, para que as coisas mudem positivamente. Para isso, recomenda-se observar que existem sempre pessoas em situação pior do que aquela em que nos encontramos.

O Mestre Mikao Usui seguramente selecionou esse poema pela importância de se viver em gratidão *(Kansha shite)*, um dos 5 Princípios do Reiki. Acontece que é impossível viver com gratidão e reclamar simultaneamente.

Muitas pessoas erram ao protestar por terem de ir trabalhar, quando o correto seria agradecer o fato de terem trabalho. Sentem tédio com o trabalho doméstico em vez de agradecer o privilégio de terem um lar. Reclamam por causa da sua saúde em vez de agradecer a oportunidade de estarem vivas. Reclamam por estar chovendo em vez de agradecerem a lavagem da poluição e os benefícios à agricultura. Reclamam por não terem sapatos, enquanto outros não têm sequer os pés. Queixam-se dos pais por não lhes terem dado tudo o que queriam em vez de agradecer o fato de terem nascido.

Viver em estado de gratidão é viver em sintonia com o Princípio da Abundância, que é a nossa condição natural. Este é o primeiro passo para tornar a vida um campo de colheitas abundantes.

Reflita sobre as palavras de Bob Marley:

"Não reclame da vida, levante a cabeça. Dias ruins são necessários, para os dias bons valerem a pena."

> *"Não reclame da vida para que as coisas modifiquem positivamente. Viva em gratidão. Existem sempre pessoas numa situação pior do que aquela em que nos encontramos."*
> JOHNNY DE' CARLI

4

VENTO SOBRE AS FOLHAS DE OUTONO

"Muitos dias e noites se passaram para aperfeiçoar a cor das folhas do bordo, mas uma leve rajada de vento basta para levá-las."

Imperador Meiji

"Poderemos, num ato impensado, destruir em um instante algo que construímos com dificuldade."

Johnny De' Carli

Mensagem Oracular

A mensagem orienta que o consulente promova uma profunda reflexão sobre o seu comportamento pessoal.

Para construir algo sólido na vida, é necessário bastante tempo de dedicação. Então, é preciso ter cautela, pois se não for cuidadoso, pode, num ato impensado, colocar tudo a perder, destruir em um instante algo que se consolidou com muita dificuldade.

O Mestre Mikao Usui seguramente selecionou esse poema em respeito ao Princípio do Reiki *"Só por hoje, faça seu trabalho com amor e honestamente"*, querendo nos advertir que, para uma sólida formação no Reiki ou qualquer outra boa obra, é necessário um bom tempo de vivências. É possível tornar-se um canal de Reiki em alguns minutos, mas para alcançar a maturidade no Reiki, ou qualquer outra área, será preciso um tempo de experiências, trabalho, dedicação e doação, não será de um dia para o outro. Então, é preciso ter cuidado, estar atento, já que chegar à maturidade demanda tempo, é uma conquista árdua e, se não houver atenção, pode-se, numa rápida atitude, ato ou gesto impensado, mudar o rumo das coisas, comprometer algo que se construiu arduamente.

Reflita sobre as palavras de José Comblin:

"Na ausência de uma reflexão segura,
multiplicam-se as fontes de erro."

"Para construirmos algo de sólido na vida, é necessário bastante tempo de dedicação. Muitas vezes, num ato inconsequente, rapidamente podemos colocar tudo a perder."
JOHNNY DE' CARLI

5

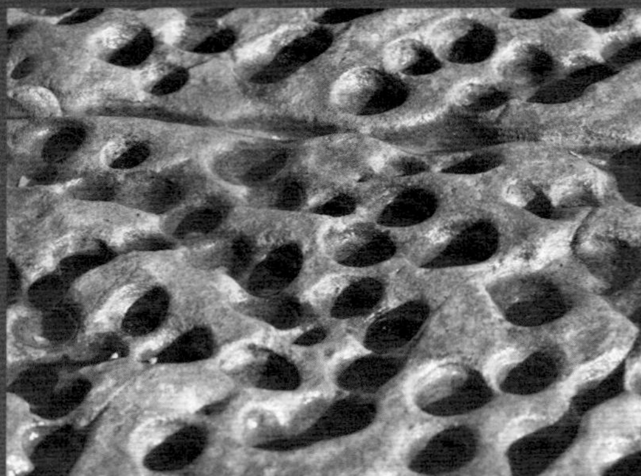

PENSAMENTO OCASIONAL

"Observe e aprenda com os pingos de chuva que escavam a rocha. Descarte a ideia de que realizar uma tarefa é difícil demais. Nada é impossível!"

Imperador Meiji

"Para transformar um sonho em realidade, você deve ser perseverante e fazer tudo o que for necessário para que isso aconteça. Seja perseverante e as coisas acontecerão."

JOHNNY DE' CARLI

Mensagem Oracular

A mensagem oracular sugere ao consulente não desistir de seus ideais, o momento é de persistir e ter muita paciência. O que parece tão difícil, e até impossível, pode ser concretizado com insistência e paciência.

Sabe-se que os grandes feitos são conseguidos, não pela força, mas pela perseverança. O segredo é ser constante. Não é sempre o mais rápido quem vence uma corrida, mas aquele que continua correndo. Nada substitui a persistência para o caminho do êxito.

Deus nunca nos dá uma tarefa que não se possa realizar. O fardo nunca é tão pesado de forma que não se possa carregá-lo.

A maior derrota e fraqueza do ser humano não é tentar e não conseguir uma determinada coisa, mas desistir sem mesmo tentar. Ser derrotado é frequentemente apenas uma condição temporária, desistir é uma solução permanente para um problema geralmente temporário. Nada termina até que se deixe de tentar.

O Mestre Mikao Usui seguramente também selecionou esse poema alertando-nos para nunca desistirmos do propósito de sermos bons Reikianos ou de sanarmos uma grave disfunção. No Reiki, trabalhamos diretamente com a Fonte. As coisas que são impossíveis para as pessoas, são possíveis para Deus.

Reflita sobre as palavras do bondoso Mestre Jesus:

"Quem insiste alcança a benção" (Marcos 5, 21-43).

"O grande segredo é ser perseverante."
JOHNNY DE' CARLI

6

PENSAMENTO OCASIONAL

"Se eu olhar para meus próprios erros, não me ressinto com Deus e nem culpo os outros por meus próprios sofrimentos."

Imperador Meiji

> *"É muito mais fácil culpar os outros do que reconhecer os próprios erros."*
>
> JOHNNY DE' CARLI

Mensagem Oracular

A mensagem orienta que o consulente faça uma profunda reflexão, a fim de reconhecer os próprios erros, para que sua vida se modifique positivamente. É importante parar de culpar fatores alheios como as causas de seu sofrimento. Você mesmo cria a realidade que atrai para sua vida a todo instante. Atrai-se o tipo de pessoas, situações e aprendizados compatíveis com aquilo que se projeta. Essa é a Lei da Atração, conhecida, também, como Lei da Ação e Reação ou Lei do *Karma*, a força mais poderosa no Universo. Essa Lei automaticamente corrige com sofrimentos e aflições os erros passados. Determina que tudo que não é reto gera sofrimento. Prega que a nossa realidade exterior é um reflexo de nossa realidade interior.

O Mestre Mikao Usui seguramente selecionou esse poema em respeito ao Princípio do Reiki *"Só por hoje, seja gentil com todas as criaturas vivas"*, ele certamente observou no comportamento humano que, perante o sofrimento, é muito mais fácil culpar os demais do que assumir os próprios erros. O Mestre Usui sabia que ao não reconhecer os erros do passado, estamos condenados a repeti-los. O reconhecimento das responsabilidades é essencial para a mudança interior e para que brote uma nova postura diante de nós mesmos e do mundo.

Reflita sobre as palavras do bondoso Mestre Jesus:

"Vá e não peques mais" (João 8, 11).

"Quando uma pessoa não reconhece que errou, certamente acaba cometendo novamente o mesmo erro."
JOHNNY DE' CARLI

7

PENSAMENTO OCASIONAL

"Todos nós cometemos erros em nossas vidas algumas vezes. Portanto, não se preocupe demais e nem seja excessivamente prudente com tudo."

Imperador Meiji

"Quem faz erra algumas vezes, mas quem nunca faz está em contínuo erro."

Johnny De' Carli

Mensagem Oracular

A mensagem orienta que o consulente não deixe de agir por medo de não dar certo. Não deve se preocupar demasiadamente em não cometer erros e correr riscos, todos erram. Sabe-se que só erra quem produz e só produz quem não tem medo de errar. Cautela, precaução, moderação e prudência em exagero paralisam, imobilizam, nos impedem de viver na plenitude, nos levam à inércia e à desmotivação, além de poder converter-se no vício da covardia.

O Mestre Mikao Usui certamente selecionou esse poema em atenção ao Princípio do Reiki *"Só por hoje, não se preocupe"*. O excesso de preocupação gera prudência, uma atitude que mantém a vida segura, mas com frequência não a faz feliz. A vida é ação, é vencer desafios assumindo as consequências.

O Mestre Usui sabia que errar não é apenas humano, como também necessário. Devemos fazer dos mesmos um grande aprendizado. Nossos erros conscientes são lições de vida, aprendemos muito mais com eles do que com os nossos acertos. A sabedoria de uma pessoa não está em não se equivocar, mas no destino que ela dá aos seus enganos. O ato falho de ontem é consertado com o acerto de hoje. Também na atividade Reikiana, erra-se para depois acertar.

Reflita sobre as palavras de Bill Gates:

"Toda empresa precisa de gente que erra,
que não tem medo de errar e que aprende com o erro."

"Só cometem erros as pessoas produtivas e só são produtivas
as pessoas que não temem cometer erros."
JOHNNY DE' CARLI

8

AMIGO

"O verdadeiro espírito da amizade está em revelar o erro ao outro e demonstrar, sem problemas, o quão próximo estás deste."

Imperador Meiji

"O verdadeiro amigo é aquele que nos transforma num ser humano melhor."

Johnny De' Carli

Mensagem Oracular

A mensagem sugere que o consulente, com gentileza, faça críticas construtivas às pessoas próximas e amigas, mas também saiba aceitar. Permita-se falar entre amigos, não só de qualidades, mas também de defeitos. Um verdadeiro amigo não nos aplaude o tempo inteiro, também nos mostra quando erramos, aponta-nos defeitos para que possamos sempre estar crescendo.

O Mestre Mikao Usui seguramente selecionou esse poema em respeito ao Princípio do Reiki *"Só por hoje, seja gentil com todas as criaturas vivas."* Muitas das técnicas originais do Reiki Japonês são coletivas, não é hábito no Japão os Reikianos trabalharem isolados, eles precisam de um grupo. Ocorre que, lamentavelmente, a quase totalidade das pessoas que se mostram amigas as faz por puro interesse. Não é fácil montar um grupo de verdadeiros amigos. Cada verdadeiro amigo que ganhamos no decorrer da vida aperfeiçoa-nos e enriquece-nos, não tanto pelo que nos dá, mas pelo que nos revela de nós mesmos. O maior esforço da amizade não consiste em confessarmos os nossos defeitos a um amigo, mas em fazê-lo ver os seus. Geralmente, sozinhos não vemos onde estamos errando. Um verdadeiro amigo pode tornar nossa vida mais rica.

Reflita sobre as palavras de Albert Einstein:

"Nenhum problema pode ser resolvido pelo mesmo grau de consciência que o gerou."

"Geralmente, sozinhos não vemos onde estamos errando."
JOHNNY DE' CARLI

9

PINHEIRO SOBRE A ROCHA

"Não importa quão duro e tempestuoso este mundo se torne, quero que o meu coração continue sólido e inabalável, como o pinheiro enraizado na rocha."

Imperador Meiji

"Não há tormenta capaz de arrancar uma árvore cujas raízes fincam fundo na terra."

JOHNNY DE' CARLI

Mensagem Oracular

A mensagem orienta que o consulente deve reagir com firmeza e estabilidade perante uma grande dificuldade que esteja enfrentando ou próximo a enfrentar. Procure conservar intactos os seus pensamentos e a sua fé.

O Mestre Mikao Usui seguramente selecionou esse poema em respeito ao Princípio do Reiki *"Só por hoje, não se preocupe"*, queria recomendar aos Reikianos a nunca desistirem de seus bons ideais, do Reiki, reagindo sempre de forma equilibrada, fazendo uso do conhecimento que receberam no aprendizado do Reiki, conservando-se fiéis aos 5 Princípios, apesar das críticas que possam vir a ser alvos, provenientes dos céticos, religiosos sectários, incomodados, invejosos, etc.

Todos estão sujeitos a diferentes tipos de situações desagradáveis; sejam problemas de saúde, de família, de relacionamentos, financeiros, de dogmas religiosos, etc.

Reflita sobre as palavras de Millôr Fernandes:

"Se os seus princípios são rígidos e inabaláveis,
você, pessoalmente, já não precisa ser tanto."

"A fé é o alento da vida."
JOHNNY DE' CARLI

10

ONDA

"Por um momento, parece tempestuosa; a seguir, se acalma. A onda no oceano e a existência humana têm muito em comum."

Imperador Meiji

"Por mais demorada e tenebrosa que possa ser uma noite, a manhã sempre chega e o sol volta a brilhar. Tudo passa."

Johnny De' Carli

Mensagem Oracular

A mensagem sugere que o consulente está passando ou prestes a passar por um difícil problema, com elevado nível de estresse no campo emocional. Recomenda-se que busque manter a calma, pois será somente uma fase, algo passageiro. Lembre-se que tudo na vida tem um ciclo: começo, meio e fim. A cada etapa que se fecha, inicia-se outra. Todas as coisas, circunstâncias adversas ou agradáveis são transitórias, nada é definitivo.

O Mestre Mikao Usui seguramente selecionou esse poema em respeito ao Princípio do Reiki *"Só por hoje, não se preocupe"* e, também, para lembrar que nada na vida é imutável ou estático, tudo é transitório. A vida está em constante movimento, a mudança é a lei da vida. Mesmo no Reiki podemos passar por períodos de entusiasmo e, depois, de desânimo. Os ciclos possibilitam ao ser humano enxergar. São caminhos que a vida oferece para que o indivíduo possa libertar-se das amarras emocionais que o aprisionam. Cada fase traz uma lição, um aprendizado, exige uma reflexão e, somando-se a isso, a oportunidade, muitas vezes única, do amadurecimento e evolução do ser.

Reflita sobre a letra da música do compositor Lulu Santos:

"...A vida vem em ondas, como um mar, num indo e vindo infinito.
Tudo que se vê não é, igual ao que a gente viu
há um segundo, tudo muda o tempo todo no mundo...
Como uma onda no mar..."

"Mantenha sempre a calma. Cultive esse hábito. É nos piores momentos que mais precisamos dela. Esteja preparado."
Johnny De' Carli

11

PENSAMENTO OCASIONAL

"Mesmo que tenhas conseguido uma vida abundante e livre de problemas, nunca te esqueças das obrigações da verdadeira generosidade."

Imperador Meiji

"Não pode haver nobreza, se não houver generosidade. Uma pessoa sem generosidade pode ser comparada a uma árvore sem frutos."

Johnny De' Carli

Mensagem Oracular

A mensagem orienta que o consulente definitivamente busque incorporar em sua vida a 'verdadeira generosidade', principalmente se já alcançou a riqueza e a estabilidade. Não existe nobreza sem generosidade.

Em um mundo em que, muitas vezes, o ter supera o ser, o sentimento de generosidade aparece contaminado por enfoques exclusivos de doações materiais e essas, embora certamente ajudem, não alimentam a alma humana. A 'verdadeira generosidade', a que o Imperador se refere no Poema, não quer dizer dar alguma coisa de comer ao pobre depois de já estar satisfeito e sim, a própria pessoa ficar com fome e dar ao outro de comer. Seria dar mais do que se pode, sem interesses ocultos e necessidade de receber retribuição.

O Mestre Mikao Usui seguramente selecionou esse poema pela afinidade da generosidade com o Princípio do Reiki *"Só por hoje, seja gentil com todas as criaturas vivas"*. Ele sabia que um de nossos maiores "inimigos" é o egoísmo, que nos cega, o sentimento de posse, que não admite perdas ou concessões. A generosidade é a virtude da prática do desapego e o antídoto contra a avareza.

A 'verdadeira generosidade' é "irmã" do amor e da amizade, ela une e solidariza as pessoas.

Reflita sobre as palavras de Erpênio:

"Rico sem generosidade é como uma árvore sem frutos."

> *"Em cada ato de generosidade, sobe-se um degrau em direção ao Criador. À medida que conseguimos doar, ficamos mais ricos."*
> Johnny De' Carli

12

IRMÃOS

"Mesmo que os ventos sacudam a casa, as dificuldades poderão ser superadas, se os irmãos estiverem em harmonia."

Imperador Meiji

"As pessoas quando unidas se fortalecem."

Johnny De' Carli

Mensagem Oracular

A mensagem orienta que o consulente busque cultivar a paz, a harmonia, o companheirismo, a estabilidade, a cumplicidade e o respeito entre as pessoas envolvidas no seu cotidiano, a fim de superar as dificuldades na sua vida. A união faz a força perante as adversidades.

O Mestre Mikao Usui seguramente selecionou esse poema em respeito ao Princípio do Reiki *"Só por hoje, seja gentil com todas as criaturas vivas"*. Ele queria alertar-nos que qualquer que seja o problema, poderá ser mais facilmente enfrentado e solucionado se houver gentileza entre os membros do grupo atingido. Quando há essa atitude, os componentes ficam em paz, em sincronia, calmos, unidos, não há adversidade que os separe, nada os demove. Os obstáculos podem inclusive ajudar a unir as pessoas e produzir beleza e harmonia nos relacionamentos.

Reflita sobre as palavras de Francis Bacon:

"A força unida é mais forte."

"Dependemos uns dos outros para viver bem."
Johnny De' Carli

13

CORAÇÃO (ESPÍRITO)

"Não importa o que aconteça em minha vida, gostaria que meu coração e a minha alma continuassem abertos e livres."

Imperador Meiji

"Reaja sempre de uma forma equilibrada."

Johnny De' Carli

Mensagem Oracular

A mensagem sugere que o consulente deve buscar reagir melhor, de maneira positiva e equilibrada, tanto aos acontecimentos bons, como aos ruins.

O Mestre Mikao Usui seguramente selecionou esse poema pelos diferentes comportamentos observados nas pessoas. Há muitos exemplos que caberiam perfeitamente nesse poema. Poderíamos citar vários, falaremos aqui apenas de um: da dificuldade de perdoar as ofensas do passado.

Existem indivíduos que não conseguem viver no momento presente, como pregam os Princípios do Reiki, pelo fato de permitirem que lembranças de acontecimentos desagradáveis invadam o seu presente, tirando sua alegria de viver e a pureza de seus corações. Devemos perdoar sempre. O perdão é um atributo dos fortes, os fracos não conseguem perdoar nunca. Reikianos devem procurar ser fortes, afinal, o perdão é o combustível do convívio. Pelos cinco Princípios do Reiki, as únicas pessoas com as quais devemos tentar ficar quites seriam aquelas que nos ajudaram (*"Só por hoje, serei grato"*). Os Reikianos devem buscar possuir um coração que nunca endurece.

Reflita sobre as palavras do bondoso Mestre Jesus:

"Senhor, quantas vezes devo perdoar a meu irmão, quando ele pecar contra mim? Até sete vezes? Respondeu Jesus: Não te digo até sete vezes, mas até setenta vezes sete" (Mateus 18, 21-22).

> *"Se a pessoa está centrada, estará habilitada a enfrentar qualquer situação difícil."*
> JOHNNY DE' CARLI

14

MEDICAMENTOS

"Em lugar de tomar muitos medicamentos para curar teus males, cuida melhor e com constância do teu corpo e de ti mesmo."

Imperador Meiji

"Trate sempre preventivamente muito bem de seu corpo físico, é sua única garagem onde, temporariamente, você estaciona, nesta rápida passagem de vida terrena."

JOHNNY DE' CARLI

Mensagem Oracular

A mensagem é um alerta ao consulente que é melhor prevenir que remediar. O melhor tratamento é sempre o preventivo, dessa forma, evita-se o consumo exagerado de medicamentos, título do poema, para a recuperação da saúde.

O nosso corpo é uma "farmácia natural", no qual se encontram "remédios" para muitos males, e para funcionar necessita ser atendido em todas as suas necessidades básicas: alimentação saudável (sem gula, sem vícios); atividade física (alongamentos, esportes, caminhadas); repouso reparador (com qualidade e quantidade suficiente de sono); manter a mente positivamente ocupada (trabalho, boa leitura, lazer, canto, dança, meditação); boas atitudes (oração, boa mastigação, boa respiração, viver em gratidão, ser gentil, trabalhar com amor e honestamente); evitar as emoções inferiores (preocupações, raiva, mágoas e outras, que acabam manifestando-se negativamente no corpo físico).

O Mestre Mikao Usui seguramente selecionou esse poema pelo fato do Reiki ser também um método preventivo, destinado inclusive às pessoas saudáveis. Ele sabia que o nosso estado normal é o de saúde e felicidade. Quando saímos desse estado de harmonia, do corpo, da mente e do espírito, é que adoecemos. A doença geralmente não existe, existem pessoas doentes. Quando a doença aparece é um sinal de que nos descuidamos.

Reflita sobre as palavras de Albert Einstein:

"Uma pessoa inteligente resolve o problema,
um sábio o previne."

"É sempre melhor prevenir doenças, que remediar."
JOHNNY DE' CARLI

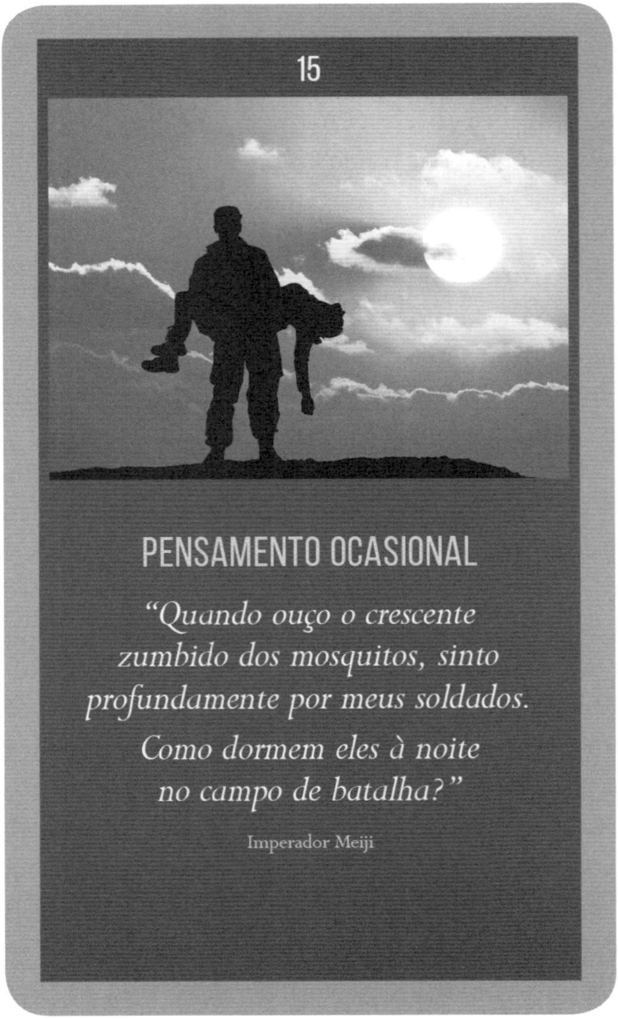

"Ser solidário não deve ser algo ocasional, mas sim, permanente. Devemos ser solidários, principalmente com aqueles que dependem de nós."

Johnny De' Carli

Mensagem Oracular

A mensagem sugere que o consulente seja mais solidário com as pessoas que, de alguma forma, dependem dele. A solidariedade não pode ser vista apenas como partilha de bens materiais, mas também de amor, dedicação de tempo e atenção.

Reconhece-se a qualidade de um bom líder na forma como trata os seus liderados. Um bom patrão interessa-se pelos seus funcionários; um bom mestre interessa-se pelos seus discípulos; um bom general interessa-se pelo bem-estar das suas tropas. Sabe-se que as pessoas esforçam-se muito mais quando se sentem protegidas, valorizadas e estimadas. A solidariedade é, sem sombra de dúvidas, uma grande forma de alguém expressar seu amor.

O Mestre Mikao Usui certamente selecionou esse poema em respeito ao Princípio do Reiki *"Só por hoje, seja gentil com todas as criaturas vivas"* e para estimular os Reikianos a serem solidários. Ser solidário é não ser indiferente diante das circunstâncias alheias difíceis. Para os Reikianos, isso não deve ser algo eventual, mas sim, permanente. Um bom Reikiano deve interessar-se pelos seus semelhantes, ajudar àqueles que não têm as suas possibilidades. Vale lembrar parte da informação talhada na pedra do memorial de Mikao Usui, sobre o solidário trabalho dos Reikianos no socorro às vítimas sobreviventes do terremoto no Japão, quando faleceram mais de 142 mil pessoas.

Reflita sobre as palavras Franz Kafka:

"A solidariedade é o sentimento que melhor expressa o respeito pela dignidade humana."

"Promova o amor ao próximo. A solidariedade não pode ser vista apenas como partilha de bens materiais, mas também como dedicação de tempo e atenção."

JOHNNY DE' CARLI

16

EDUCAÇÃO

"Jovem japonês: escolhe pessoas de mérito para ter como exemplo e aprende com elas tuas lições de vida."

Imperador Meiji

"A melhor sala de aula está aos pés de uma pessoa que ofereça bons exemplos. De nada adiantam teorias e explicações se não formos bons modelos."

JOHNNY DE' CARLI

Mensagem Oracular

A mensagem sugere que o consulente, como eterno aprendiz, busque se "espelhar" em pessoas meritórias, de valor, exemplares, virtuosas, com qualidades apreciáveis, para com elas aprender e direcionar sua vida.

O Mestre Mikao Usui seguramente selecionou esse poema em respeito ao Princípio do Reiki *"Só por hoje, faça seu trabalho com amor e honestamente"*, a fim de sermos bons exemplos e, também, para orientar-nos sobre a escolha de bons Mestres de Reiki. A melhor sala de aula está aos pés de uma pessoa que ofereça bons exemplos. Educar com mérito é dar bons exemplos. Um exemplo vale mais do que mil palavras. No Reiki, pregar os cinco Princípios é muito fácil, difícil é viver de acordo com eles. Um instrutor deve cumprir o que ensina. De nada adiantam teorias e explicações se o Mestre não for um bom modelo. Há muita gente iniciada no Reiki, mas há pouca gente "acabada" no Reiki. Mestres de Reiki que não vivem de acordo com os Princípios do Reiki são verdadeiros cegos espirituais; no caminho espiritual, isso é um desastre. Como bem disse o Mestre Jesus: *"Se um cego guiar outro cego, ambos cairão no barranco"* (Mateus 15, 14).

Reflita sobre as palavras de Isaac Newton:

"Eu avistei mais longe que muitos porque fiquei de pé em ombros de gigantes."

"Um bom modelo constitui o mais forte apoio para as mudanças que se verificam nas pessoas. Nada é tão transmissível como um bom exemplo."
Johnny De' Carli

> *"Nem sempre se ganha.*
> *Esteja preparado para perder de vez em quando."*
> Johnny De' Carli

Mensagem Oracular

A mensagem sugere que o consulente nunca tenha medo de falhar, que mesmo que venha a não obter êxito em algo ao longo da vida, por ser uma pessoa com virtudes, manterá sempre o seu valor.

O Mestre Mikao Usui com certeza selecionou esse poema em respeito ao Princípio do Reiki *"Só por hoje, faça seu trabalho com amor e honestamente"* e a fim de alertar que um Reikiano bem intencionado não perde o seu valor mesmo quando fracassa. Nossa maior glória não está em nunca ter fracassado, mas em levantar cada vez que logramos uma dificuldade. Todos caem, mas apenas os fracos continuam no chão. Não há comparação entre o que se perde por não conseguir ser vitorioso e o que se perde por não tentar; se acabamos de fracassar, basta recomeçar. Na atividade Reikiana, às vezes as coisas não funcionam bem, não conseguimos os resultados esperados, recebemos críticas, mas não devemos desanimar diante de uma situação difícil, sentindo-nos desvalorizados ou menores por isso.

Reflita sobre as palavras de Sêneca:

"Se um grande homem cair, mesmo depois da queda,
ele continua grande."

"Tentar e não conseguir é muito mais nobre que não tentar."
Johnny De' Carli

18

LUA E VAGA-LUME

"A Lua brilha tão lindamente sobre o lago que um humilde vaga-lume compromete sua existência voando em direção à imagem refletida dos arbustos de junco."

Imperador Meiji

"É preciso ser cauteloso e precavido em qualquer situação."

Johnny De' Carli

Mensagem Oracular

A mensagem é um alerta para que o consulente tenha muita cautela, pois as aparências enganam; uma ilusão poderá comprometer seriamente sua vida. Pode-se vir a pagar muito caro pelos atos infelizes; afinal, colhe-se impreterivelmente aquilo que se planta. Não se deixe levar pelas aparências. Seja cauteloso, procure lucidez e discernimento na forma de avaliar as pessoas e os fatos em sua vida. Muitas vezes, motivados por emoções passageiras (paixões, ilusões, promessas, entusiasmo, etc.), tomamos decisões que podem ter consequências desastrosas e até comprometer a nossa existência.

O Mestre Mikao Usui seguramente queria chamar nossa atenção para o fato de que nem tudo é o que parece. Diz o dito popular: *"Nem tudo que reluz é ouro."*

Reflita sobre as palavras do bondoso Mestre Jesus:

"Não julgueis segundo a aparência" (João 8, 15).

"A melhor proteção é a prudência, não se expor ao perigo."
Johnny De' Carli

19

JOIA

"Uma bela joia, sem um arranhão sequer, pode perder seu brilho por causa da poeira.
O coração e a alma humana, também, precisam ser constantemente polidos para se manterem limpos."

Imperador Meiji

"É necessário que as pessoas criem dentro de si esta atmosfera permanente de meditação e oração, vivendo nesse ambiente, como quem vive em plena luz do Sol."

Johnny De' Carli

Mensagem Oracular

A mensagem sugere que o consulente deve destinar mais tempo e empenho em meditação e oração. Assim como uma joia precisa ser permanentemente limpa para não perder o seu brilho, a mente e o espírito humanos precisam ser constantemente "polidos" a fim de nos mantermos puros e saudáveis. "Polimos" a mente e o espírito através da meditação e da oração, respectivamente. O ser humano tem tanta necessidade de meditação e oração como o corpo, de água e oxigênio.

O Mestre Mikao Usui seguramente selecionou esse poema a fim de alertar que um Reikiano deve manter-se em constante manutenção, vigiando pensamentos, emoções e ações. A lapidação pessoal está no exercício diário. Mantemos limpos a mente através da prática constante da meditação *(Gassho)* e o espírito através da prática constante da oração *(Reiji-Ho)*, vivendo numa postura de retidão (5 Princípios do Reiki). As pessoas perdem sua luz quando nutrem maus pensamentos, consequentemente, emoções inferiores e mau comportamento.

Existe uma relação íntima entre corpo e alma, entre a parte material e a espiritual do ser humano. Muitas vezes, uma age sobre a outra: a saúde ou a doença de uma afeta o bem-estar ou o mal-estar da outra parte. Não se pode fazer com que uma pessoa tenha um corpo sadio enquanto ela não tiver um espírito são.

Reflita sobre as palavras do líder indiano Gandhi:

"Como o corpo que não se lava fica sujo,
assim a alma sem oração fica impura."

"Na oração, fala-se com Deus. Na meditação, ouve-se Deus."
JOHNNY DE' CARLI

20

PENSAMENTO OCASIONAL

"Jovem estudante: não te apresses para chegares antes. Não negligencies teus deveres. O verdadeiro aprendizado requer um estudo longo e constante."

Imperador Meiji

"Quando fazemos algo de bom sem pressa, colocamos mais atenção naquilo que realizamos."
JOHNNY DE' CARLI

Mensagem Oracular

A mensagem recomenda ao consulente que tenha calma para adquirir os novos conhecimentos que deseja, a fim de não comprometer a qualidade do aprendizado que almeja. Ter uma atitude sem pressa significa colocar mais atenção no que se faz; assim, aprende-se mais e erra-se menos. Afinal, muitas vezes, em um pequeno detalhe há uma preciosa lição.

O Mestre Mikao Usui seguramente selecionou esse poema, porque queria nos orientar para não termos pressa para aprender o Reiki, percebendo bem cada etapa dos diferentes níveis *(Shoden, Okuden e Shinpiden)*. Com a pressa, corremos o risco de ficarmos na superfície e não encontrarmos o verdadeiro conhecimento. Mesmo no Reiki, é necessário aprender a aprender, mais importante que a pressa é estar no caminho certo. Nas coisas espirituais, só aquilo que demora nos inicia. Ele certamente também selecionou esse poema a fim de alertar que no Reiki sempre haverá lições novas para assimilar, não existe parte da jornada que não contenha lições. Até quando estudamos um mesmo assunto, a nossa percepção é diferente.

A vida tem sido comparada a uma corrida, mas observamos que os mais rápidos normalmente são os mais prováveis de perderem a direção. A pressa impede-nos de ver e viver certas realidades, pequenos detalhes.

Reflita sobre as palavras de Khalil Gibran:

"As tartarugas conhecem as estradas melhor do que os coelhos."

"A aprendizagem obedece a um ritmo que deve ser respeitado."
Johnny De' Carli

"Devemos saber conciliar e separar um tempo para dedicar aos pais."

JOHNNY DE' CARLI

Mensagem Oracular

A mensagem sugere que o consulente está passando por um momento de vida de muitas atribulações mundanas, uma fase acelerada de muito estresse e falta de tempo. Mesmo assim, deve priorizar um tempo para dedicar e dar mais atenção aos pais e avós, que nos deram a vida. Principalmente, se o consulente já tem seus pais desencarnados, a recomendação poderá ser estendida à figura de outra autoridade que também merece obediência: o aluno para com seus professores; o empregado em relação a seu patrão; o subordinado a seu chefe; o cidadão em relação à sua pátria; um seguidor a uma doutrina, mas, principalmente, os filhos para com os seus pais.

O Mestre Mikao Usui seguramente selecionou este poema pela importância de se viver em gratidão *(Kansha shite)*, um dos 5 Princípios do Reiki, e em respeito a outro Princípio do Reiki *"Só por hoje, seja gentil com todas as criaturas vivas"*.

Um Mestre de Reiki precisa saber mandar, ocorre que só sabe mandar quem aprendeu a obedecer. A obediência está interligada à ordem e às regras que todo ser humano deve seguir, pois onde não há ordem o caos se instala, não há paz e fica impossível sobreviver. Aprendemos a obedecer com os pais, são nossos primeiros mestres.

Reflita sobre as palavras de William Shakespeare:

"Ter um filho ingrato é mais doloroso
do que a mordida de uma serpente."

"Devemos seguir o nosso caminho, mas sem esquecer
as nossas origens. Tenha sempre gratidão aos seus pais."
JOHNNY DE' CARLI

> *"A natureza nos oferece tudo que realmente necessitamos e podemos usufruir de suas dádivas, sem nunca nos esquecermos de que temos a obrigação de preservá-la."*
>
> Johnny De' Carli

Mensagem Oracular

A mensagem sugere que o consulente busque, também, ajuda nos tratamentos fitoterápicos ou mesmo na Homeopatia. Nos campos nativos, podem-se encontrar, de uma forma bem mais econômica, plantas com alto poder terapêutico.

O Mestre Mikao Usui certamente selecionou esse poema para deixar claro que o método Reiki é também uma terapia complementar, podendo ser usado isoladamente ou como complemento terapêutico de outras técnicas; no caso do poema, vislumbramos a Fitoterapia (atividade de utilizar ervas como forma de tratamento). Atualmente, contamos, também, com a Terapia Floral (tratamento com essências extraídas de flores nativas), a Aromaterapia (tratar as doenças com a ajuda de óleos extremamente concentrados extraídos dos vegetais) e outras.

Provavelmente, o Mestre Usui queria, dessa maneira, evitar o fanatismo no método Reiki, que os Reikianos viessem a recomendar somente o Reiki como a única ou a melhor forma de tratamento para as pessoas doentes. Em tudo, até no Reiki, o fanatismo é prejudicial.

Reflita sobre as palavras do Dr. Edward Bach, médico inglês, criador da Terapia Floral:

"Da mesma forma que Deus, em sua misericórdia, nos deu alimento, também colocou entre as ervas do campo belas flores curativas para quando estivermos doentes."

"As flores são os sorrisos amorosos que a natureza nos oferece."

JOHNNY DE' CARLI

23

DIPLOMADOS

"Bacharel: tu podes pensar que, por fim, o deixaste para trás. Não, o aprendizado não tem fim."

Imperador Meiji

"A aprendizagem decorre ao longo de uma existência inteira. Somos eternos aprendizes."

Johnny De' Carli

Mensagem Oracular

A mensagem orienta que o consulente nunca pare de estudar. O aprendizado ocorre ao longo de uma existência inteira, nunca termina, deve-se estudar a vida toda, buscar conhecimento sempre e constantemente, somos todos eternos aprendizes. Ninguém sabe tudo, sempre haverá novos conhecimentos esperando por nós.

O Mestre Mikao Usui seguramente selecionou esse poema a fim de alertar os Reikianos a nunca parar de estudar, pensando que já sabem tudo sobre o Reiki, pois sempre haverá novas lições disponíveis. Quem realmente aprende, começa a perceber a dimensão de sua ignorância. O conhecimento sobre o Reiki é ilimitado, assim como é o Universo. Parar de estudar seria o mesmo que andar para trás. Devemos estar sempre receptivos e flexíveis a novas informações. É preciso estar consciente disso e deixar sempre espaço para algo novo. Afinal, ninguém aprende aquilo que pensa que já sabe. Aquele que realmente adquiriu algum conhecimento sabe que desconhece muitas coisas. O culminar da teoria surge com a prática e essa, sim, é o complemento indispensável, porque é no campo que se trabalha: observando e sempre aprendendo. Devemos ter a sabedoria para entender que o conhecimento vem em doses e na medida exata do nosso entendimento.

Reflita sobre as palavras de Isaac Newton:

"O que sabemos é uma gota, o que ignoramos é um oceano."

"Qualquer idade é boa para aprender.
Parar de estudar seria o mesmo que andar para trás."
JOHNNY DE' CARLI

24

PEQUENOS CRAVOS

"Ao semear pensei que todas
eram a mesma semente.
Mas agora floresce
uma variedade de flores.
Os cravos do jardim!"

Imperador Meiji

"Cada pessoa que passa em nossa vida é única.
Há as que levaram muito, mas não há as que não deixaram nada."
Johnny De' Carli

Mensagem Oracular

A mensagem sugere que o consulente seja mais tolerante e aceite os filhos ou, principalmente, se não tem filhos, os demais parentes próximos, cada qual com as suas particularidades. Não há um ser igual ao outro em todo o Universo.

Os filhos, que têm a mesma carga genética, criação e educação, ao crescerem, se transformam em seres com comportamentos totalmente diferentes. Apesar da mesma essência, individualidades são percebidas, todos têm as suas características particulares, sua personalidade.

O Mestre Mikao Usui certamente estabeleceu a comparação dos filhos com os discípulos de um Mestre de Reiki, que, em treinamento, parecem iguais, recebem os mesmos ensinamentos. Concluído esse processo, todos se mostram diferentes, cada um utiliza a energia Reiki de acordo com as suas crenças, personalidades e convicções pessoais.

Reflita sobre as palavras de Albert Einstein:

"Somos todos geniais, mas se você julgar um peixe por sua capacidade de subir em árvores, ele passará sua vida inteira acreditando ser estúpido."

"A tolerância é o combustível do bom convívio."
JOHNNY DE' CARLI

25

SALTO D' ÁGUA

"Uma pedra na corrente aumenta de tal forma o ruído do rio, que não se escuta o som da água que flui."

Imperador Meiji

"A nossa energia vai para onde está a nossa atenção. Devemos focar a energia nos objetivos, na vida e nunca nos problemas e dificuldades que surgem no nosso caminho."

Johnny De' Carli

Mensagem Oracular

A mensagem orienta que o consulente não desperdice tanta energia em pessoas complicadas ou nas dificuldades. Um problema ou uma pessoa problemática podem chamar tanta atenção, levando-nos a desviar das metas e fazendo-nos esquecer do principal.

Em nossas vidas encontramos várias "pedras", elas nos desviam do nosso caminho, mas o importante é sabermos, também, como a água, retomar o curso. Uma pedra pode aumentar o ruído do rio, mas ela não impede o fluir da água que prossegue o seu destino, em sua essência e determinação.

O Mestre Mikao Usui seguramente selecionou esse poema em respeito ao Princípio do Reiki *"Só por hoje, não se preocupe"*.

Nossa energia vai para onde está a nossa atenção. Se destinarmos excessiva atenção aos problemas, principalmente de família, perdemos a paz e a alegria de viver. O Mestre Usui certamente queria nos alertar que devemos focar a energia nos objetivos, na vida e nunca nos problemas e dificuldades que surgem no nosso caminho. Obstáculos não duram para sempre, mais cedo ou mais tarde haverá uma mudança no cenário.

Reflita sobre as palavras de Brahma Kumaris:

"Para onde vai a atenção, a energia flui e a vida cresce."

> *"Os maiores obstáculos são aqueles criados por nós mesmos."*
> JOHNNY DE' CARLI

"Persistir é um dos grandes segredos do sucesso. Muitas coisas na vida dependem da positividade e da persistência."

JOHNNY DE' CARLI

Mensagem Oracular

A mensagem sugere que o consulente seja perseverante, também orienta que seja mais maleável, mais aberto às mudanças, às novas informações, novas interpretações das circunstâncias e das ocorrências do cotidiano, reciclando crenças e ideias, que esteja pronto a ceder diante das renovações, reformulando planos, admitindo novas opiniões, aderindo a convicções baseadas em provas incontestáveis.

Ser flexível não é sinônimo de ser fraco, muito pelo contrário, a água é flexível e tem o poder de perfurar uma pedra e desgastar uma rocha, fenômeno que acontece na natureza chamado de erosão. Literalmente, os pingos da chuva caem e acabam fazendo um buraco na pedra, não pela sua força ou violência, mas por causa de sua persistência. Diz o dito popular: *"Água mole em pedra dura, tanto bate até que fura"*. O segredo é ser perseverante.

O Mestre Mikao Usui, a exemplo dos antigos sábios, seguramente percebeu o fato de que no bem viver o que impera é a flexibilidade e a perseverança. Quanto menos uma pessoa se opuser às dificuldades da vida, mais resistente se tornará para viver em plenitude. A maioria das coisas muito rígidas e duras tem grande propensão para quebrar. Ele certamente também selecionou esse poema pelo fato que, num tratamento de Reiki complexo e delicado, nada termina até que deixemos de tentar.

Reflita sobre as palavras de Samuel Johnson:

"Os grandes feitos são conseguidos não pela força,
mas pela perseverança."

"Não podemos relaxar, perder a motivação e o entusiasmo
até a conclusão de um importante projeto iniciado."
Johnny De' Carli

27

RELVA

"Se o pequeno roedor trabalha embaixo da terra, todas as raízes das plantas semeadas morrem."

Imperador Meiji

"É mil vezes melhor um inimigo declarado do que um falso amigo."

Johnny De' Carli

Mensagem Oracular

A mensagem é um alerta ao consulente sobre a possibilidade de ter bem próximo de si uma pessoa desonesta, invejosa, promotora de discórdia, que realiza um trabalho escuso, causando desavenças e desunião. Uma pessoa com um perfil desagregador (aparenta uma coisa e na verdade é outra) pode comprometer todo um trabalho sério, uma organização, uma empresa, até mesmo a harmonia de um lar. Diz o dito popular: "*Uma maçã estragada pode comprometer toda uma caixa*".

O Mestre Mikao Usui seguramente selecionou esse poema em respeito ao Princípio do Reiki "*Só por hoje, faça seu trabalho com amor e honestamente*".

Muitas das técnicas originais do Reiki são coletivas, não é hábito no Japão os Reikianos trabalharem isolados. Lamentavelmente, não é fácil montar um grupo de amigos leais. Todos eram aceitos para o Nível 1, mas pessoas que não tivessem boa personalidade: falsas, não transparentes, que promovem intrigas, fofoqueiras, mal intencionadas, etc., não eram aceitas para o Nível 2. Assim pensava Mikao Usui, conforme consta num documento oficial do Reiki (entrevista).

Reflita sobre as palavras de Voltaire:

"Deus me defenda dos amigos,
que dos inimigos me defendo eu."

"Não se deixe levar pelas aparências, elas enganam.
Uma ilusão pode comprometer seriamente a nossa vida."

28

ANCIÃO

"O ancião que veio cumprimentar-me, amparado por seu neto, agora está apoiado em seus próprios pés."

Imperador Meiji

"O ato de pedir dá a possibilidade de receber. É preciso ser humilde, saber receber. É necessário permitir que as pessoas nos ajudem, nos apoiem e nos deem forças para seguir no caminho."

JOHNNY DE' CARLI

Mensagem Oracular

A mensagem aponta que o consulente está precisando ou precisará em breve do apoio de terceiros, a fim de superar uma dificuldade pessoal. Muitas vezes é preciso permitir que alguém nos ajude, nos dê suporte e forças para continuar. É preciso ser humilde, saber receber. O ato de pedir possibilita o recebimento.

O Mestre Mikao Usui seguramente selecionou esse poema pelo fato de o Reiki vir pelo querer. Cabe a cada um essa vontade de melhorar. Quem pede é humilde e se reconhece necessitado.

Faz-se necessário a condição de reconhecer as próprias limitações, ser capaz de enfrentar, conviver e aceitar a incapacidade e saber pedir auxílio. Quem precisa de apoio para andar, alimentar-se, tomar banho, sabe bem disso. Ocorre que é preciso ser humilde para pedir ajuda. Ser humilde não significa de modo algum humilhar-se. Ser humilde é dar importância ao que importa e não se importar com o resto.

Reflita sobre as palavras da seguinte citação Bíblica:

"Com os humildes está a sabedoria" (Provérbios 11, 2).

"Quem muito pede, muito recebe.
Quem pouco pede, pouco recebe."
Johnny De' Carli

29

ÁRVORES COBERTAS DE LODO

"Quando vejo as árvores cobertas de lodo, lembro que há pessoas que, desde o nascimento, vivem com humildade."

Imperador Meiji

"São as dificuldades que revelam as pessoas."

JOHNNY DE' CARLI

Mensagem Oracular

A mensagem sugere que o consulente está passando ou passará por aflições duradouras. O melhor caminho a seguir é a resignação com humildade ao longo de todo este período; oferecendo sempre o que há de melhor em si. A humildade é a base e o fundamento de todas as virtudes, é a caminhada para a verdade.

O Mestre Mikao Usui seguramente selecionou esse poema pela importância da humildade na atividade Reikiana. Pregam os 5 Princípios do Reiki: *"Não se zangue"*, o humilde não se entrega à raiva, tem sempre o semblante radioso; *"Expresse a sua gratidão"*, a gratidão é prerrogativa das pessoas humildes; *"Seja gentil com os outros"*, gentileza e humildade andam de braços dados, o orgulho divide as pessoas, a humildade une e nos ajuda a enxergar e admitir erros, aprendendo com eles; *"Seja aplicado e honesto em seu trabalho"*, é possível encontrarmos pessoas que perdem a humildade após receberem iniciações de Reiki, principalmente no Nível de Mestrado, passam a sentirem-se superiores, melhores que os demais. Usui certamente desejava evitar esse comportamento no Reiki, ele sabia que somos todos semelhantes.

O Mestre Jesus provou ser um grande Mestre ao lavar os pés dos discípulos, numa demonstração de humildade. Onde houver essa virtude, definitivamente haverá amor.

Reflita sobre as palavras do bondoso Mestre Jesus:

"Bem-aventurados os humildes de espírito,
porque deles é o reino dos Céus" (Mateus 5, 3).

"Saiba curvar-se diante das adversidades. Desenvolva a capacidade de adaptações às mudanças. Quanto menos alguém se opuser à realidade da vida, mais resistente tornar-se-á."
JOHNNY DE' CARLI

30

VISITANTE NA NEVE

"Ancião, vens me saudar
sem esperar que pare de nevar?
Por favor, aproxima-te mais do fogo."

Imperador Meiji

"Todos aqueles que vêm até nós com boas intenções devem ser tratados com gratidão, gentileza e carinho. Devemos ter gratidão no coração."

Johnny De' Carli

Mensagem Oracular

A mensagem sugere que o consulente fique atento aos acontecimentos, que trate com gratidão e gentileza a todos aqueles que vierem ao seu encontro com boas intenções, especialmente num momento de adversidade. Somente um verdadeiro amigo faria isso. É nobre saber reconhecer o esforço individual, a amizade, a qualidade alheia e, principalmente, retribuir o carinho e a solidariedade.

O Mestre Mikao Usui seguramente selecionou esse poema em respeito a dois dos 5 Princípios do Reiki: *"Só por hoje, seja gentil com todas as criaturas vivas"* e *"Expresse sua gratidão"*. Ele deve ter observado que muitos não reconhecem o esforço alheio ou, caso isso ocorra, na hora de retribuírem, o fazem com má vontade ou são ingratos. Devemos ter gratidão no coração. A gratidão é a mais bela flor que brota da alma.

Reflita sobre as palavras de Esopo:

"A gratidão é a virtude das almas nobres."

"Saiba reconhecer o esforço alheio e retribuir o carinho expressando gratidão. Não existe exagero na gratidão."
Johnny De' Carli

31

CALIGRAFIA

"Com letras belamente escritas ou não,
uma carta deveria ser sempre
fácil de ler."

Imperador Meiji

> *"A simplicidade traz a compreensão."*
> Johnny De' Carli

Mensagem Oracular

A mensagem sugere que o consulente procure comunicar-se melhor, de forma mais objetiva, clara e simples. É característica do ser humano a comunicação. Comunicar significa tornar comum. Independente de aparências, o importante, para que se atinja plenamente esse objetivo, é a capacidade de saber expressar com clareza o que se quer. A simplicidade traz o entendimento.

O Mestre Mikao Usui seguramente selecionou esse poema porque sabia que o verdadeiro professor não é aquele que tem mais conhecimento, mas aquele que transmite melhor, de maneira simples de entender, o conhecimento a seus alunos. Bom Mestre de Reiki é aquele que cria bons Reikianos. Se alguém quiser ser um bom Mestre, precisa comprometer-se a produzir bons manuais, de fácil compreensão e entendimento. A forma não é essencial, o conteúdo sim. O Mestre Usui foi um homem de comunicação muito simples. Consta em seu memorial:

"*... Por esse processo, ele tornou seu propósito de ensinar **claro e acurado**. Além disso, tentou tornar sua orientação tão **fácil e simples quanto possível**, de maneira que nada fosse **difícil de ser entendido***" (os grifos são nossos).

Reflita sobre as palavras de Albert Einstein:

"*Tudo deveria se tornar o mais simples possível.*"

"*Não existe grandeza onde não há simplicidade e verdade.*"
Johnny De' Carli

32

PAIS

"Apesar de envelhecermos, nossos pais sempre nos consideram crianças. Esse é o espírito da paternidade."

Imperador Meiji

"Para os pais, não importa quanto tempo passe, seus filhos serão fonte de eterna preocupação e dedicação, como se fossem menores."

Johnny De' Carli

Mensagem Oracular

A mensagem sugere a possibilidade de o consulente ter dificuldade em aceitar que os filhos ou os netos não são mais crianças. Caso o consulente não tenha filhos, a mesma pode ser estendida para outros parentes próximos, com idade inferior.

Geralmente, para os pais, os filhos nunca crescem, serão sempre pequenos, frágeis e inocentes, não importando a idade, por isso não é incomum os mesmos se referirem aos filhos como "minhas crianças" e, inclusive, tratá-los como crianças a vida toda. Geralmente, querem resolver os problemas dos filhos, pois acreditam que dessa maneira os protegem. Não importa quanto tempo passe, seus filhos serão fonte de eterna preocupação e de dedicação como se fossem menores. Essa é a essência do amor dos pais, que não envelhece.

O Mestre Mikao Usui seguramente selecionou esse poema por encontrar semelhança entre o comportamento dos pais e o observado nos Mestres de Reiki: verem seus discípulos como eternos aprendizes.

Reflita sobre as palavras de Honoré de Balzac:

"Os pais devem dar sempre para serem felizes.
Dar sempre é o que faz que sejamos pais."

"Para compreender os pais é preciso amadurecer.
A sabedoria vem com o tempo."
Johnny De' Carli

33

PENSAMENTO OCASIONAL

"Os soldados que vão para a guerra deixam suas famílias seguras em casa. Quão corajosos e dedicados são para com sua pátria!"

Imperador Meiji

"Ser patriota é uma das formas de expressar gratidão à pátria que nos acolheu. O amor à pátria começa na família. Ao defender o país, também se defende a família."

Johnny De' Carli

Mensagem Oracular

A mensagem propõe que o consulente desperte em si um comportamento patriótico mais intenso, um sentimento de amor e devoção à pátria. Ao defender o país, também se defende a família, na esperança de ter um futuro melhor.

Patriotismo é o espírito de solidariedade entre pessoas que tenham interesses comuns, por isso, o Imperador faz referência também à família. No Japão, geralmente, as pessoas têm muita gratidão à sua pátria, grande respeito e amor à terra que os acolheu. Para muitas culturas orientais, quem morre pelo seu país vive eternamente.

O Mestre Mikao Usui seguramente selecionou esse poema em respeito ao Princípio do Reiki *"Expresse sua gratidão"*. Ser patriota é uma das maneiras de expressar gratidão à pátria que nos acolheu. Ele certamente também selecionou esse poema para orientar os Reikianos a serem patriotas. O sentimento de amor, gratidão e respeito à pátria deve ser despertado em todos os cidadãos. Ser um patriota implica fazer algo de bom pelo seu país ou nação, independente de guerras, pois há diferentes tipos de patriotismo, diferentes pessoas que são patriotas, diferentes maneiras de mostrar como são devotos ao seu lugar de origem (patriotismo nos esportes, patriotismo cultural, etc.).

Reflita sobre as palavras de Mikhail Lermontov:

"A nossa pátria está onde somos amados."

"Tenha gratidão, respeito e amor pela sua pátria, a terra que o acolheu. Ser patriota é uma das formas de expressar gratidão à sua nação. Vibre positivamente pelo seu país."
JOHNNY DE' CARLI

34

PÁSSAROS

"Os pássaros que voam livremente pelo grande céu, nunca se esquecem de sua casa e de lá regressar."

Imperador Meiji

"Se esquecermos de nossos pais, esqueceremos quem somos.
Nossas raízes são muito importantes.
O amor entre pais e filhos deve permanecer eterno."
JOHNNY DE' CARLI

Mensagem Oracular

A mensagem é um alerta ao consulente, para que nunca esqueça de que as suas raízes são muito importantes. Para qualquer lugar que for, por melhor que seja, por mais que demore lá, jamais se esqueça de visitar periodicamente as suas origens. Diz o dito popular: *"O bom filho a casa torna."*

O Mestre Mikao Usui seguramente selecionou esse poema em respeito ao Princípio do Reiki *"Expresse sua gratidão"*. Tenhamos sempre gratidão ao nosso país, à nossa cidade natal, às nossas escolas, aos nossos mestres e, principalmente, aos nossos pais, seres a quem seremos eternos devedores, pois fazem parte de nós. Se esquecermos de nossas raízes, esqueceremos quem somos. Mesmo depois de crescidos e formados, devemos visitar as nossas origens com frequência; o mato cresce depressa em caminhos pouco percorridos.

Reflita sobre as palavras do Mestre Dalai Lama:

> *"Dê a quem você ama: asas para voar,*
> *raízes para voltar e motivos para ficar."*

> *"Jamais nos devemos esquecer de visitar periodicamente as nossas origens. Se nos esquecermos das nossas raízes, esquecer-nos-emos de quem somos. O mato cresce depressa em caminhos pouco percorridos."*
>
> Johnny De' Carli

35

APRENDIZADO

"Quanto mais práticas houver no ensino para as crianças, melhores resultados se alcançarão."

Imperador Meiji

"O grande objetivo do ensino não é apenas o conhecimento, mas a sabedoria, que é o conhecimento aplicado."

Johnny De' Carli

Mensagem Oracular

A mensagem é uma lembrança ao consulente, para que nunca se esqueça, de que as crianças aprendem melhor com aulas práticas e bons exemplos. Para elas, os progressos obtidos por meio do ensino teórico são lentos; já os obtidos por meio de bons exemplos e vivências são mais imediatos e eficazes. Para a criança aprender, não basta só ouvir por fora, é necessário entender por dentro; para isso, quanto mais práticas e exemplos, melhor. É observando e fazendo que as crianças sedimentam boas atitudes.

No aprendizado infantil, muitas são as teorias que trazem certos conhecimentos. Ocorre que não há quem aprenda profundamente alguma coisa simplesmente por tê-la ouvido, não se aprende bem só com a teoria, a criança precisa de práticas, em todos os sentidos, tanto no aspecto cognitivo quanto no comportamental. Somente a experiência de colocar a teoria em prática é que transforma o conhecimento em sabedoria.

O Mestre Mikao Usui seguramente associou as crianças aos novos discípulos do Reiki. Selecionou esse poema pela importância do Reikiano aprender pelas práticas e pela observação. Também no Reiki, na teoria, recebe-se conhecimento; na prática, adquire-se sabedoria. Não há professor como o exercício prático, não se aprende bem o Reiki a não ser pela experiência.

Os Reikianos devem colocar em prática, sempre que possível, os seus conhecimentos, assim, ficarão cada vez mais íntimos da energia e melhores resultados vão aparecer.

Reflita sobre as palavras de Albert Einstein:

"A única fonte de conhecimento é a experiência."

"Na teoria recebe-se conhecimento, na prática adquire-se sabedoria. Somente a experiência de colocar a teoria em prática transforma o conhecimento em sabedoria."

Johnny De' Carli

36

ORVALHO SOBRE OS CRAVOS DO JARDIM

"As jovens alunas, no pátio da escola,
têm o frescor dos cravos do jardim
molhados pelo orvalho."

Imperador Meiji

"A vida é regida pela inevitável lei da mudança."
JOHNNY DE' CARLI

Mensagem Oracular

A mensagem é uma lembrança ao consulente da verdade básica de que tudo muda. Fala da impermanência no mundo terreno, local das transformações, das passagens, da matéria, onde tudo se modifica: as situações e as pessoas.

O Mestre Mikao Usui seguramente associou o orvalho à Energia Primordial Cósmica *(Rei)* utilizada pelos Reikianos, ambos são puros. Com certeza também selecionou esse poema pela rápida mudança e transformação a que se submete uma pessoa iniciada no Reiki. Enaltece, provavelmente, o sexo feminino por representar maioria entre os Reikianos.

Reflita sobre as palavras de Camilo Castelo Branco:

*"A infância é como a água que desce da bica
e nunca mais sobe."*

*"Não permita que o que você é interfira
no que você poderá vir a ser."*
Johnny De' Carli

37

SINCERIDADE

"A sinceridade do coração humano faz até o Céu chorar."

Imperador Meiji

"Não há no mundo coisa mais difícil e complicada do que a sinceridade e mais fácil do que a bajulação. A sinceridade, se não for temperada com moderação, conduz infalivelmente à ruína."

Johnny De' Carli

Mensagem Oracular

A mensagem é um alerta ao consulente, que é muito nobre ser sincero, mas agindo sempre com muita cautela. A sinceridade, se não for temperada com moderação, poderá conduzi-lo infalivelmente à ruína. Ser autêntico, às vezes, é problemático, pois as pessoas esperam sempre boas palavras do outro e, em muitos casos, a sinceridade causa dores, machuca, não só aos outros como a nós mesmos. Diz o dito popular: "*Quem fala o que quer ouve o que não quer.*"

Não há no mundo coisa mais difícil e complicada do que a sinceridade e mais fácil do que a bajulação (louvor interesseiro). Muitas pessoas buscam por sinceridade, mas poucas têm a coragem e resignação de ouvir a verdade.

O Mestre Mikao Usui seguramente selecionou esse poema em respeito ao Princípio do Reiki "*Só por hoje, faça seu trabalho com amor e honestamente.*" A sinceridade e a honestidade andam de braços dados. Com honestidade e gentileza o Reikiano consegue ser sincero sem magoar. Por mais que a verdade doa, a sinceridade magoa menos que a mentira. É contraditório um comportamento falso, hipócrita, mentiroso com os Princípios do Reiki.

Reflita sobre as palavras do Marquês Maricá:

"Se fôssemos sinceros em dizer o que sentimos e pensamos uns dos outros, em declarar os motivos e fins das nossas ações, seríamos reciprocamente odiosos e não poderíamos viver em sociedade."

*"Por mais que a verdade doa,
a sinceridade magoa menos do que a mentira."*
JOHNNY DE' CARLI

"Devemos administrar bem o nosso tempo, dando prioridade às coisas mais importantes, preservando sempre momentos livres."

Johnny De' Carli

Mensagem Oracular

A mensagem recomenda ao consulente para priorizar o trabalho, mas que faça pausas, a fim de aproveitar as coisas boas da vida. Nunca se esqueça de folgar, descansar e desfrutar do lazer, concluídas as obrigações laborais. Devemos saber usufruir dos frutos do trabalho, não viver só para ele, ter outras atividades paralelas. O tempo dedicado ao lazer, à família, ao esporte, à boa leitura e aos amigos nunca é perdido.

O fruto do trabalho é o mais doce de todos os prazeres. Quando o fazemos com amor, dedicação, zelo e honestidade, depois de cumpridas as tarefas prioritárias, temos muito mais prazer no momento do descanso, desfrutando melhor os momentos de descontração. A arte do descanso é uma parcela da arte de trabalhar.

O Mestre Mikao Usui seguramente selecionou esse poema em respeito ao Princípio do Reiki "*Só por hoje, faça seu trabalho com amor e honestamente.*"

Não devemos, no entanto, confundir esse importante Princípio achando que devemos viver só para o trabalho. O lazer e o descanso também são importantes para o ser humano. Para cada almoço de trabalho, não se esqueça de agendar também um jantar à luz de velas e um bom vinho, caso aprecie.

Reflita sobre as palavras do bondoso Mestre Jesus:

"Olhai como crescem os lírios do campo" (Mateus 6, 19-34).

"O tempo dedicado às atividades que trazem alegria nunca é perdido."
JOHNNY DE' CARLI

39

LEMBRANÇA

*"O ser humano não olha
para dentro de si mesmo.
Prefere falar dos demais.
Assim é a verdade em sociedade."*

Imperador Meiji

*"A palavra é um instrumento valioso, porém,
nem sempre tem sido devidamente utilizada.
As línguas têm geralmente muito veneno para verter."*

JOHNNY DE' CARLI

Mensagem Oracular

A mensagem é uma recomendação para que o consulente busque desenvolver o hábito de comentar somente sobre as virtudes alheias.

A palavra é um instrumento valioso, porém, nem sempre tem sido utilizada devidamente. Uma triste realidade humana é que as nossas reuniões sociais são, em geral, verdadeiras academias de maledicências. Quase todos nós somos muito maliciosos em apontar defeitos alheios, mas raramente nos apercebemos dos nossos.

O Mestre Mikao Usui seguramente selecionou esse poema em respeito ao Princípio do Reiki *"Só por hoje, seja gentil com todas as criaturas vivas"*.

A grande realidade, que somente poucos notaram, é que o mundo é um espelho gigante que nos reflete sempre. No mundo holográfico, tudo é você, e você está sempre falando de si mesmo. Projetamos nossas deficiências nos outros e ao fazer-lhes julgamentos, estamos julgando a nós mesmos. Dizemos do outro o que deveríamos estar dizendo de nós mesmos.

Reflita sobre as palavras que o bondoso Mestre Jesus disse:

"Hipócritas, tirai primeiro a trave do vosso olho e depois, então, vede como podereis tirar o argueiro do olho do vosso irmão" (Mateus 7, 3-5).

"Não desperdice energia em coisas banais."
JOHNNY DE' CARLI

"Muitos caminhos levam ao topo da montanha.
Todos conduzem até lá, mas nenhum é único."
Johnny De' Carli

Mensagem Oracular

A mensagem recomenda que o consulente não desista de elevar-se espiritualmente, de procurar um "caminho" (meio, filosofia, método ou mesmo uma religião) que o faça melhorar a cada dia, de se aproximar da Natureza Divina e evoluir rumo à Perfeição. Busque que certamente encontrará um meio de ascensão espiritual rumo à Iluminação.

O Mestre Usui seguramente selecionou esse poema para deixar claro que o método Reiki é um caminho seguro de expansão de consciência ou evolução espiritual. Reiki é um "farol" que nos leva de volta à Grande Luz.

Um manual com o título de "*Reiki Ryoho Hikkei*" era entregue aos alunos do Mestre Usui, quando lecionava. O manual contém uma entrevista com o próprio Usui. Segue uma pergunta que explica bem o porquê da escolha desse poema:

Entrevistador: *A "Usui Reiki Ryoho"* (técnica terapêutica Reiki Usui) *trata somente problemas de saúde?*

Mikao Usui: *Não somente problemas de saúde. Pode também corrigir maus hábitos, tais como angústias, debilidades, timidez, indecisões e nervosismo. Com a energia Reiki,* ***o coração se torna semelhante a Deus ou Buda*** (o grifo é nosso), *trazendo felicidade para si mesmo e para terceiros.*

Reflita sobre as palavras de Albert Einstein:

"A religião do futuro será cósmica e transcenderá um Deus pessoal, evitando os dogmas e a teologia."

"As estradas que levam à espiritualidade são numerosas e, muitas vezes, o que é bom para um pode não satisfazer o outro."
JOHNNY DE' CARLI

41

PENSAMENTO OCASIONAL

"Deverias falar com os outros depois que tivesses feito uma reflexão."

Imperador Meiji

"Aquele que pensa antes de falar raramente se arrepende. Antes cautela do que arrependimento. Não precisamos ser tão apressados em manifestar a nossa opinião."

Johnny De' Carli

Mensagem Oracular

A mensagem orienta que o consulente deve procurar refletir mais antes de falar, evitando a impulsividade. O hábito de expressar-se irrefletidamente, sem pensar nas consequências e sem avaliar se agride as pessoas precisa ser afastado. Só depois de avaliar seriamente o que podem causar suas palavras, leve-as aos outros.

Se pensássemos profundamente antes de falar, evitaríamos muitos problemas e desentendimentos. Às vezes, por causa de uma frase impensada, vemos desmoronar um relacionamento afetivo ou fraternal, principalmente se não houver tolerância entre as partes: humildade para desculpar-se e compaixão para perdoar.

O Mestre Mikao Usui seguramente selecionou esse poema em respeito ao Princípio do Reiki *"Só por hoje, seja gentil com todas as criaturas vivas"*. Ser gentil com os outros implica saber falar sem agredir e ser sincero sem ofender, usando a franqueza com a gentileza. Se nos deixarmos levar pelas emoções momentâneas, poderemos causar muitos danos. A palavra não deve ser um instrumento para desfazer relações, mas uma ferramenta de entendimento e união.

Reflita sobre as palavras de José Comblin:

> *"Na ausência de uma reflexão segura,*
> *multiplicam-se as fontes de erro."*

> *"Acalme-se, pense e reflita bem antes de abrir sua boca."*
> Johnny De' Carli

42

PENSAMENTO OCASIONAL

"Ainda quando tudo o que pensas se tenha manifestado, não permitas que te suba à cabeça e não esqueças a humildade."

Imperador Meiji

"O poder lamentavelmente muda a grande maioria das pessoas."

Johnny De' Carli

Mensagem Oracular

A mensagem é um alerta para que o consulente nunca perca a humildade e se transforme numa pessoa arrogante e orgulhosa.

Mesmo realizados profissionalmente e financeiramente, deveríamos manter-nos humildes ao longo de toda a vida, oferecendo sempre o melhor que há em nós.

O sucesso, a fama, o reconhecimento e o dinheiro atraem e fascinam, mas infelizmente mudam e corrompem o fraco e sem personalidade. O poder, lamentavelmente, muda as pessoas.

O Mestre Mikao Usui certamente selecionou esse poema em respeito ao Princípio do Reiki *"Só por hoje, seja gentil com todas as criaturas vivas"*. Gentileza e humildade andam de braços dados. É possível encontrarmos pessoas que recebem iniciações de Reiki, principalmente do Mestrado, e perdem a humildade, passam a se sentir superiores e melhores que os demais. Observam-se mudanças no modo de vestir, nas relações pessoais, nas antigas amizades, na maneira de tratar os outros. O Mestre Usui seguramente desejava evitar esse comportamento no Reiki, não permitindo que a arrogância e o orgulho se manifestassem, ele sabia que somos todos semelhantes.

A humildade é a base e o fundamento de todas as virtudes. O orgulho divide as pessoas, a humildade as une. Reiki é amor, onde houver humildade definitivamente haverá amor.

Reflita sobre as palavras de Abraham Lincoln:

"Se quiser conhecer verdadeiramente uma pessoa dê-lhe poder."

"O poder infelizmente muda o fraco e sem personalidade."
JOHNNY DE CARLI

43

PENSAMENTO OCASIONAL

"Há tanto o que fazer e tanto para pensar, mas o que realmente se pode fazer é limitado."

Imperador Meiji

"Cultive sempre a atitude de colocar os problemas de difícil solução nas mãos de Deus."

JOHNNY DE' CARLI

Mensagem Oracular

A mensagem sugere que o consulente priorize suas ações; não se pode realizar tudo o que se precisa ou se gostaria de fazer.

Mesmo para quem detém o poder, é impossível atender a todos os desejos e solucionar os problemas pessoais e sociais de responsabilidade de um dirigente (saúde, educação, habitação, criminalidade, desemprego, desigualdades sociais, fome, pedofilia e outros crimes sexuais, etc.). Há também muito que fazer no que diz respeito à redução dos danos ecológicos causados ao planeta pelo próprio ser humano.

O Mestre Mikao Usui selecionou esse poema a fim de que fique claro que é impossível para um Reikiano fazer todo o necessário e o que gostaria, somente com as suas próprias mãos. Ele mesmo pôde vivenciar isso numa catástrofe que presenciou em Tóquio. Essa informação está talhada na pedra do memorial de Mikao Usui, sobre o solidário trabalho dele no socorro às vítimas sobreviventes do terremoto no Japão, quando faleceram mais de 140 mil pessoas.

O Reikiano deve estabelecer prioridades, em seguida fazer todo o bem sempre que puder.

Reflita sobre as palavras de John Wesley:

"Faça todo o bem que você puder, com todos os recursos que você puder, por todos os meios que você puder, em todos os lugares que você puder, em todos os tempos que você puder, para todas as pessoas que você puder, sempre e quando você puder."

"Estabeleça prioridades. Não se pode fazer tudo aquilo de que se precisa ou que se gostaria de fazer. Quando uma responsabilidade é assumida, passa a ser prioridade."
JOHNNY DE' CARLI

44

PINHEIRO NA NEVE

"Quando a neve sobre o ramo débil de um pinheiro ficar muito pesada, aproxima-te e a retira."

Imperador Meiji

"Não seja indiferente às situações alheias difíceis. Seja solidário, tenha amor ao próximo."

Johnny De' Carli

Mensagem Oracular

A mensagem sugere que o consulente se interesse mais pelos seus semelhantes, nunca sendo indiferente às circunstâncias alheias difíceis.

Deve-se atentar para a necessidade de socorrer o próximo, quando uma adversidade da vida o atingir e perceber que esteja precisando de ajuda, a fim de suavizar a situação, o fardo, uma dificuldade, um problema de difícil solução, que poderia, de alguma forma, comprometer ou deixar sequelas no mesmo.

O Mestre Mikao Usui seguramente selecionou esse poema em respeito ao Princípio do Reiki *"Só por hoje, seja gentil com todas as criaturas vivas"*. Um bom Reikiano deve ser solidário, interessar-se pelos seus semelhantes, sentir-se chamado a fim de diminuir o sofrimento dos outros, ajudando aqueles que não têm as suas possibilidades. A solidariedade humana é, sem sombra de dúvidas, uma grande forma de alguém expressar o seu amor ao próximo.

Vale, mais uma vez, lembrar a informação talhada na pedra do memorial do Mestre Usui, sobre o solidário trabalho dos Reikianos no socorro às vítimas sobreviventes do terremoto no Japão, quando faleceram mais de 140 mil pessoas.

Reflita sobre as palavras de Theodore Roosevelt:

"Faça o que puder, com o que tem, onde estiver."

"Em todo lugar haverá sempre alguém que necessita de você."
JOHNNY DE' CARLI

45

PENSAMENTO OCASIONAL

"Mortos na guerra: deixai-me guardar seus nomes na memória, para que a pátria possa perdurar."

Imperador Meiji

"Quem recebe um favor nunca deveria se esquecer de ser grato."

Johnny De' Carli

Mensagem Oracular

A mensagem sugere que o consulente tenha mais gratidão, respeito e amor por sua pátria, à terra que o acolheu.

O Mestre Mikao Usui seguramente selecionou esse poema em respeito ao Princípio do Reiki *"Só por hoje, expresse sua gratidão"*. Ele deve ter observado que muitos não reconheciam os esforços das pessoas que se dedicaram por uma causa nobre. Certamente, ele queria evitar esse comportamento no meio Reikiano, de forma que os novos Reikianos e Mestres de Reiki guardassem registros dos primeiros Mestres, como prova do reconhecimento, gratidão e respeito ao trabalho pioneiro dedicado ao Reiki.

O Mestre Usui seguramente também selecionou esse poema incentivando os Reikianos para que fossem patriotas. Ser patriota é uma das maneiras de expressar a gratidão à pátria que nos abrigou. É nobre saber reconhecer os mártires, pessoas que lutaram e sacrificaram as suas vidas por uma causa patriótica, expressando homenagem, imortalizando seus nomes nos memoriais oficiais históricos, como prova de gratidão e respeito patriótico.

Reflita sobre as palavras de John Kennedy:

> *"Não pergunte o que seu país pode fazer por você,*
> *pergunte-se o que você pode fazer por seu país."*

> *"O bom Reikiano é orientado a respeitar o trabalho pioneiro dos mestres que o antecederam."*
>
> JOHNNY DE' CARLI

46

VENTILADOR

"No calor do meio-dia
vens visitar-me!
Deixa-me, ao menos,
pegar o ventilador."

Imperador Meiji

"Gentileza e humildade andam de braços dados."
Johnny De' Carli

Mensagem Oracular

A mensagem alerta ao consulente que procure sempre reconhecer o esforço individual alheio e retribuir o carinho expressando gratidão.

O Mestre Mikao Usui seguramente selecionou esse poema em respeito a dois dos cinco Princípios do Reiki: *"Só por hoje, expresse sua gratidão"* e *"Só por hoje, seja gentil com todas as criaturas vivas"*. Ele deve ter observado que muitos não reconhecem o esforço de outrem ou, se reconhecem, na hora de retribuir o fazem com má vontade ou são ingratos. Todos aqueles que vêm até nós, seja em que situação for, devem ser tratados com gentileza, gratidão, carinho e calor humano.

Reflita sobre as palavras de Jean de La Bruyère:

"Não há no mundo exagero mais belo que a gratidão."

> *"Lamentavelmente, a gratidão, para a maior parte da humanidade, não passa de um desejo oculto de receber novos favores."*
>
> JOHNNY DE' CARLI

"A verdadeira caridade é praticada em segredo,
é impalpável e invisível."
JOHNNY DE' CARLI

Mensagem Oracular

A mensagem sugere que o consulente busque, cada vez mais, ser uma pessoa simples e caridosa. A verdadeira lei do progresso do espírito é a caridade exercida com humildade. Não existe exercício melhor para o espírito do que se inclinar e levantar pessoas.

Toda moral ensinada pelos maiores Mestres espirituais se resume em duas simples palavras: caridade e humildade. Essas são as duas maiores virtudes que devemos desenvolver, concentrando todas as nossas forças, se pretendemos erradicar de nosso espírito o egoísmo que até hoje nos mantém presos às teias da ignorância. A caridade é a virtude predileta de Deus, é puro amor.

Caridosas são as pessoas que dividem não só algo material, mas também um tempo agradável em companhia de outras. Sempre temos o que oferecer mesmo que estejamos nos sentindo carentes.

Certamente, o Mestre Mikao Usui selecionou esse poema pela relação da caridade, da simplicidade e da humildade com o Princípio do Reiki *"Só por hoje, seja gentil com todas as criaturas vivas"*. É sempre gentil a ajuda que a simplicidade dita.

A verdadeira caridade une e solidariza as pessoas, possibilitando ultrapassar as distâncias sociais, raciais e o preconceito.

Reflita sobre as palavras do bondoso Mestre Jesus:

"Quando tu deres esmola, não saiba a tua mão esquerda o que faz a tua direita" (Mateus 6, 3).

"Procure trabalhar para o bem do próximo, você só tem a ganhar."
Johnny De' Carli

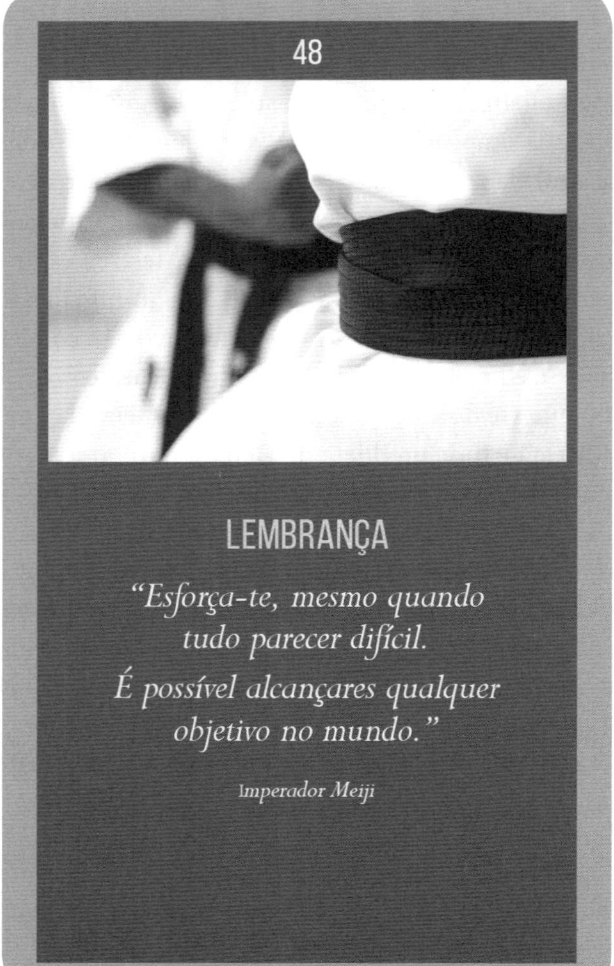

"Nada substitui a persistência para se alcançar o êxito. As dificuldades são naturais, resolvem-se conforme se caminha."

JOHNNY DE' CARLI

Mensagem Oracular

A mensagem recomenda ao consulente perseverança. Persista, pois nada termina até que deixemos de tentar. Nada é impossível, as dificuldades se resolvem conforme se avança. Deus nunca nos dá uma tarefa que não possamos realizá-la. Um fardo nunca é tão pesado de forma que não se possa carregá-lo. Atraímos aquilo que pensamos e acreditamos. Devemos acreditar em nós mesmos.

Aquilo que parece tão difícil e até impossível pode ser realizado com dedicação e insistência. Os grandes feitos são conseguidos não pela força, mas pela perseverança. Nada substitui a persistência para o caminho do êxito. Essa é a virtude que vence as dificuldades. O segredo é ser constante. Uma corrida não é sempre para o mais rápido, mas para aquele que continua correndo.

Certamente, o Mestre Mikao Usui observou que muitos facilmente desistiam de seus propósitos, objetivos e ideais e, até mesmo, de tratar doenças de difícil recuperação, por considerá-las incuráveis. No Reiki, trabalhamos diretamente com a Fonte. As coisas que são impossíveis para as pessoas são possíveis para Deus.

Desistir é a saída dos fracos, insistir é a vitória dos fortes. Dizem os orientais que o sofrimento e os problemas são passageiros, desistir é para sempre.

Reflita sobre as palavras do bondoso Mestre Jesus:

"Quem insiste alcança a benção" (Marcos 5, 21-43).

"Nada termina até que deixemos de tentar."
JOHNNY DE' CARLI

"Ninguém consegue realizar tudo sozinho. É desnecessário querer executar todas as tarefas sem ajuda, quando há mais pessoas em condições de contribuir. Aprenda a delegar responsabilidades."

Johnny De' Carli

Mensagem Oracular

A mensagem recomenda que o consulente delegue parte de suas tarefas. É desnecessário fazer tudo sozinho quando há mais pessoas aptas para ajudar.

O sustentáculo de um grupo precisa delegar tarefas menos relevantes, evitando assumir para si toda a responsabilidade, seja em uma empresa, em uma casa ou em qualquer outra atividade, concentrando a sua energia e seu tempo sempre na solução de assuntos mais importantes. Ninguém consegue fazer tudo sozinho. A não priorização de tarefas é uma perigosa armadilha que nos faz desviar do objetivo que pretendemos alcançar.

O Mestre Mikao Usui seguramente percebeu que não são poucas as pessoas sobrecarregadas de afazeres ou que executam diversas atividades ao mesmo tempo, correndo o risco de não fazerem nada bem feito e de estressarem a si e a quem está a sua volta, ficando, assim, mais sujeitas a doenças. Toda tarefa consome tempo. Delegar com sucesso atribuições menores é uma habilidade que todo líder deveria adquirir. Quando se aprende a não fazer tudo sozinho, muita coisa melhora, permitindo focar nas tarefas prioritárias de uma forma mais plena.

Reflita sobre as palavras de Andrew Carnegie:

"Ninguém será um grande líder se quiser fazer tudo sozinho, ou ter todos os louros por tê-lo feito."

"O trabalho em equipe reúne forças e experiência."
JOHNNY DE' CARLI

"Saber aguardar o momento certo para falar é uma receita de grande sabedoria. Devemos parar e refletir antes de falar."
JOHNNY DE' CARLI

Mensagem Oracular

A mensagem é um alerta para que o consulente pare, pense e analise bem antes de falar algo comprometedor. Então, só depois de uma séria reflexão sobre o que podem causar suas palavras, levá-las aos outros.

Da mesma forma que as ervas daninhas (relva), as maledicências se disseminam muito rápido. Notícia ruim corre depressa, é muito mais fácil as pessoas passarem adiante alguma informação desagradável, do que dar continuidade a algum conhecimento construtivo.

O Mestre Mikao Usui seguramente selecionou esse poema em atenção a dois dos Princípios do Reiki: *"Só por hoje, seja gentil com todas as criaturas vivas"* e *"Só por hoje, não se zangue"*.

Ser gentil também é evitar comentários maldosos, julgamentos precipitados ou acusações indevidas. É muito importante que tenhamos a certeza do que falamos, vigiar as palavras para que elas sejam úteis, proveitosas e edificantes.

Na hora da raiva, podemos falar coisas das quais nos arrependeremos pela vida inteira. É sábio sair de perto do que ou de quem nos atingiu, até recuperarmos a calma, não reagindo impulsivamente. Não precisamos ser tão apressados em manifestar nossa opinião. Antes cautela que arrependimento.

Reflita sobre as palavras de Luís Fernando Veríssimo:

"A força mais destrutiva do Universo é a fofoca."

"Toda vez que se está inquieto, ansioso ou raivoso, devemos parar de agir ou de falar, porque falar ou fazer coisas nesse momento pode ser muito destrutivo."
JOHNNY DE' CARLI

51

LEMBRANÇA DE UMA CANOA

"É simples deslizar corrente abaixo em uma canoa, assim também é no mundo, mas não se esqueça de pensar no leme."

Imperador Meiji

"Assumir o controle da própria vida é essencial. Somos os condutores do nosso destino."

Johnny De' Carli

Mensagem Oracular

A mensagem recomenda ao consulente que assuma o controle da própria vida.

Nós somos os condutores de nosso destino, não podemos deixar-nos levar por outros. Precisamos saber para onde estamos indo e se queremos trilhar esse caminho. Devemos planejar o futuro, ter metas e decidir pessoalmente em que direção seguir. Se não sabemos para onde vamos, todos os trajetos nos levam para lugar nenhum.

É fácil navegar num pequeno barco acompanhando naturalmente a corrente de um rio; da mesma forma, é mais fácil e cômodo deixar que os outros tomem as decisões sem a nossa interferência, deixando-nos levar pelas facilidades e conveniências do cotidiano. Existe uma tendência inata da maioria das pessoas para se acomodar. Sempre que podem, muitas têm a inclinação de deixar as coisas como estão.

O Mestre Mikao Usui seguramente selecionou esse poema em respeito ao Princípio do Reiki *"Só por hoje, faça seu trabalho com amor e honestamente"*.

Cada um deve assumir o comando de sua vida, procurar a profissão que a sua vocação pede, fazer algo que lhe agrade, que apresente menos dificuldades e agir com disposição de vencer. Somos sempre levados para o caminho que desejamos percorrer.

Reflita sobre as palavras de Paul Koch:

"Assuma o comando da sua atitude.
Não deixe que outra pessoa a escolha por você."

"As escolhas são nossas e devemos responsabilizar-nos por elas."
Johnny De' Carli

"Não existe ninguém sem defeitos. O maravilhoso é que todos têm mais virtudes do que defeitos. Aprenda a ser uma pessoa tolerante."

Johnny De' Carli

Mensagem Oracular

A mensagem sugere que o consulente seja mais tolerante, afinal, não existe ninguém sem defeitos.

Uma pessoa, por melhor que possa parecer, não será perfeita. Todos no mundo têm suas arestas; se uma pessoa fosse perfeita, seria Deus. A imperfeição é a causa necessária da variedade nos indivíduos da mesma espécie. Algo perfeito seria sempre idêntico.

O Mestre Mikao Usui certamente selecionou esse poema para deixar claro que não há Reikianos perfeitos; há, quando muito, Reikianos que querem a perfeição, coisa que nunca irão atingir. Ele seguramente também selecionou esse poema em respeito ao Princípio do Reiki *"Só por hoje, seja gentil com todas as criaturas vivas"*.

No Japão, não é hábito os Reikianos trabalharem sozinhos. Ser gentil com os outros implica saber aceitar os defeitos alheios e nunca julgar. Acreditar que todos têm mais virtudes do que defeitos.

Um amigo é um presente que você dá a si mesmo, um irmão que você escolhe. Entretanto, não é possível aprofundar as amizades, se não há disposição para perdoar os defeitos dos amigos. O perdão é o combustível do convívio.

Reflita sobre as palavras do bondoso Mestre Jesus:

"O que está puro entre vós atire a primeira pedra" (João 8, 7).

"Desenvolva a tolerância, não existe ninguém perfeito, todos no mundo têm defeitos, mas se olhar com o coração, perceberá que todos têm mais virtudes do que defeitos."
JOHNNY DE' CARLI

53

SENTIMENTO DURANTE UMA VIAGEM

"Cada vez que saio em viagem,
temo estar causando incômodos
a minha gente."

Imperador Meiji

"Ser hóspede não é fácil, mas é uma condição necessária para quem viaja. E quando na condição de hóspede, busque dar sempre o mínimo de trabalho possível."

Johnny De' Carli

Mensagem Oracular

A mensagem é um alerta para que o consulente tenha cuidado nas próximas viagens, a fim de não dar trabalho para as pessoas responsáveis pela viagem e/ou hospedagem. Durante as mesmas, procure não atrapalhar, causar dificuldades e embaraços aos seus anfitriões.

Quando nos deslocamos em viagem, por qualquer que seja o motivo, obrigatoriamente somos obrigados a nos hospedar, sermos acolhidos em algum lugar.

Para um anfitrião receber bem seus hóspedes, há sempre a preocupação de oferecer o melhor com relação ao conforto, dar atenção, organizar refeições, programar as compras, arrumar e cuidar de todos os detalhes da casa (lençóis, toalhas, travesseiros, cobertores extras, etc.) para que fique tudo em perfeito estado. Há também, muitas vezes, a preocupação de sempre sorrir, manter um clima agradável e transmitir a sensação de que receber é prazeroso.

O Mestre Mikao Usui certamente selecionou esse poema a fim de alertar que sejamos sempre bons hóspedes, para darmos o mínimo de trabalho possível. Afinal, é nessa situação de hóspede que, em suas viagens, o Reikiano pesquisador aprende e o Mestre de Reiki itinerante ensina, partilha e transmite.

Reflita sobre as palavras de Plauto:

"Não existe hóspede, por mais amigo que seja de quem o recebe, que não comece a incomodar depois de três dias."

"É incomparável o prazer e a alegria de encontrar um velho e bom amigo."
JOHNNY DE' CARLI

"Só realmente poderemos chamar Deus de Pai, quando entendermos e tratarmos todos os seres humanos como irmãos."

Johnny De' Carli

Mensagem Oracular

A mensagem lembra ao consulente que somos todos irmãos, a nossa verdadeira nacionalidade é a humanidade.

O sentimento de amor e devoção à pátria é louvável, entretanto, mais importante que o dever de servir à pátria, está o de servir à humanidade, respeitar o próximo, ter a capacidade de entender e aceitar a opinião dos outros. Todos fazem parte de um único grupo: a raça humana.

O Mestre Mikao Usui seguramente selecionou esse poema em respeito a dois dos 5 Princípios do Reiki, um deles refere-se ao "*Só por hoje, expresse sua gratidão*". Ser patriota é uma das maneiras de expressar a gratidão pela nação que nos acolheu. O outro seria o "*Só por hoje, seja gentil com todas as criaturas vivas*". Cada pessoa deve trabalhar para o seu aperfeiçoamento e, ao mesmo tempo, participar da responsabilidade coletiva por toda a humanidade.

Reflita sobre as palavras de Joaquim Nabuco:

"O verdadeiro patriotismo é o que concilia
a pátria com a humanidade."

"Reikianos, fazemos todos parte da mesma raça, a raça humana. A nossa verdadeira nacionalidade é a humanidade. Devemos participar da responsabilidade coletiva por toda a humanidade."
JOHNNY DE' CARLI

55

MEDICAMENTO

*"Pelo bem da pátria,
daria o elixir da imortalidade ao
ancião que gostaria de ver envelhecer."*

Imperador Meiji

*"As melhores fontes de sabedoria do mundo estão
aos pés das pessoas mais maduras."*

Johnny De' Carli

Mensagem Oracular

A mensagem recomenda que o consulente ouça os mais velhos. As pessoas mais velhas geralmente acumulam mais experiências.

No Japão se cultiva a tradição de buscar no ancestral a sabedoria necessária para as decisões mais importantes da comunidade. O homem idoso era o depositário da sabedoria, respeitado como símbolo do conhecimento acumulado. A segurança da nação dependia dos conselhos sábios que o Imperador recebia e seria de grande valia para a sociedade se os de maior idade vivessem mais.

O Mestre Mikao Usui sabia que o Reiki podia contribuir muito no aumento da qualidade e expectativa de vida das pessoas, trazendo benefícios pessoais e coletivos, afinal, a melhor sala de aula do mundo está aos pés de uma pessoa mais velha.

Reflita sobre a mensagem da seguinte citação bíblica:

"Onde não há conselho fracassam os projetos, mas com muitos conselheiros há bom êxito" (Provérbios 15, 22).

"A sabedoria é fruto do conhecimento aplicado e da experiência acumulada."
JOHNNY DE' CARLI

56

ANCIÃOS

"Pode ser que repitam
uma vez ou outra suas lembranças,
mas escondidos, em suas palavras,
há valiosos ensinamentos."

Imperador Meiji

"A experiência é o caminho mais seguro
para se aprender algo"
JOHNNY DE' CARLI

Mensagem Oracular

A mensagem sugere que o consulente escute mais os anciãos, com paciência e atenção; eles têm muito a ensinar. A sabedoria vem com a idade.

Os idosos passaram por todas as fases no aprendizado da vida e atingiram a maturidade na arte de viver. Precisamos aprender a ouvir nossos anciãos com atenção verdadeira, pois em meio a muita coisa que dizem, por mais simples que sejam seus relatos, sempre teremos o que aprender. Se atentos, podemos usufruir de ensinamentos de grande valia, sabedoria acumulada com o passar dos anos. Vale lembrar que, geralmente, as pessoas idosas gostam muito de dar bons conselhos. Diz o dito popular: *"Ouça os mais velhos"*.

O Mestre Mikao Usui seguramente selecionou esse poema em respeito ao Princípio do Reiki *"Só por hoje, seja gentil com todas as criaturas vivas"*.

É preciso ter paciência, respeitar, ter carinho, ser calmo, ter sensibilidade e, principalmente, saber ouvir com atenção os idosos. A maior "doença" do idoso muitas vezes é a solidão. Todos, um dia, poderão também chegar à idade avançada.

O Mestre Usui sabia, também, que as pessoas idosas acumulam mais experiências.

Reflita sobre as palavras de William Shakespeare:

"A melhor sala de aula do mundo está aos pés
de uma pessoa mais velha."

> *"A maior doença do idoso muitas vezes é a solidão.*
> *A velhice é sinal de sabedoria e nunca de discriminação."*
> JOHNNY DE' CARLI

*"O tempo perdido não se recupera e certamente fará falta.
Aquele que mais sabe, mais lamenta por tempo perdido.
Perder tempo desagrada mais a quem conhece o seu valor."*
Johnny De' Carli

Mensagem Oracular

A mensagem é um alerta para que o consulente evite a ociosidade. Passar, mesmo que seja um dia, em inatividade é lamentável. Perder tempo é desperdiçar a vida; o tempo perdido não se recupera.

Devemos nos ocupar da melhor maneira possível, crescendo, direcionando e concentrando nossa energia para afazeres que tenham um verdadeiro valor.

O Mestre Mikao Usui seguramente selecionou esse poema em respeito ao Princípio do Reiki *"Só por hoje, faça seu trabalho com amor e honestamente"*.

A preguiça é a maior inimiga do trabalho e do progresso. Se vencermos a preguiça, daremos o primeiro passo rumo ao trabalho produtivo. Sabe-se que o trabalho é a melhor forma de ocupar o tempo ocioso. O trabalho é fundamental, sem ele surge a neurose. Diz o ditado popular: *"Mente desocupada é oficina do demônio"*. As pessoas crescem e aprendem com o trabalho na vida diária.

Não devemos, no entanto, confundir este importante Princípio achando que devemos viver só para o trabalho, devemos ter outras atividades paralelas também importantes. O tempo dedicado à saúde, à família, ao estudo, ao esporte, à boa leitura, aos amigos e ao lazer nunca é perdido. Perdido é somente o tempo que não se gasta com amor.

Reflita sobre as palavras de Gandhi:

"A pureza de espírito e a ociosidade são incompatíveis."

> *"A preguiça é a maior inimiga do trabalho. O caminho dos preguiçosos é cheio de dificuldades. Quando vencemos a preguiça, damos o primeiro passo rumo ao trabalho produtivo."*
>
> Johnny De' Carli

58

CORAÇÃO DOS PAIS

"O sonho primaveril dos camponeses,
que, no campo queimado,
ocupam-se de seus descendentes,
não será de natureza tranquila."

Imperador Meiji

"Procure estar presente,
quando as pessoas precisarem de você."

Johnny De' Carli

Mensagem Oracular

A mensagem sugere que o consulente seja mais solidário com aqueles que dele dependem. Não sendo indiferente nas dificuldades de seus filhos, netos ou outros dependentes. Na verdade, devemos ajudá-los a levantar suas cargas, mas não carregá-las para eles.

O Mestre Mikao Usui seguramente selecionou esse poema em respeito ao Princípio do Reiki *"Só por hoje, seja gentil com todas as criaturas vivas"*. A gentileza e a solidariedade andam de braços dados. Ele seguramente selecionou esse poema a fim de incentivar os Reikianos a serem solidários. Ser solidário é não ser indiferente nas circunstâncias alheias difíceis. Para os Reikianos, isso não deve ser algo eventual, mas sim, permanente. Um bom Reikiano deve interessar-se pelos seus semelhantes, ajudar àqueles que não têm as suas possibilidades. A solidariedade é, sem sombra de dúvida, uma grande forma de alguém expressar seu amor.

Reflita sobre as palavras de Theodore Roosevelt:

"Faça o que puder, com o que tem, onde estiver."

> *"Devemos ajudar nosso semelhante a levantar sua carga, porém, não carregá-la por ele."*
>
> JOHNNY DE' CARLI

59

MEDICAMENTO

"O conselho do honesto é como o bom medicamento, até para as pessoas saudáveis."

Imperador Meiji

"O primeiro passo para ser ajudado é, com humildade, aceitar ser aconselhado."

Johnny De' Carli

Mensagem Oracular

A mensagem recomenda que o consulente busque aconselhar-se mais. Um bom conselho sempre ajuda porque vem pautado na dignidade, na decência, na verdade e na sinceridade, é um "remédio" edificante, que a tempo e em certas situações, traz preciosos benefícios. É conveniente pedirmos conselho, nem sempre para seguirmos, mas para que nos ilumine.

O Imperador utiliza a expressão "conselho do honesto" como sendo a opinião proveniente de uma pessoa honrada e virtuosa em seus atos e declarações, perfil do sábio e do verdadeiro Mestre. Um bom conselheiro geralmente é uma "farmácia viva" onde se encontram "remédios" para muitos males, principalmente morais.

O Mestre Usui certamente escolheu esse poema a fim de incentivar os Reikianos a se aconselharem sempre.

Os sábios Mestres de Reiki japoneses costumam não dar conselhos a quem não os pede. Sabem que é impossível aconselhar a quem não admite conselhos.

Um bom conselho motivador pode possuir propriedades terapêuticas para distúrbios éticos e mesmo doenças, trazendo benefícios inclusive para pessoas íntegras e sãs.

Reflita sobre a mensagem do seguinte texto Bíblico:

"Busca conselho de toda a pessoa sensata
e não desprezes nenhum conselho salutar" (Tobias 4, 18).

"É adequado aconselhar-se, nem sempre para seguir o conselho,
mas para direcionar-nos melhor. Um bom conselho ajuda sempre."
JOHNNY DE' CARLI

60

PENSAMENTO OCASIONAL

"Mesmo uma pessoa ocupada pode arranjar tempo para fazer aquilo que realmente queira."

Imperador Meiji

"Basta querer e conseguiremos tempo para fazer o que desejamos."

Johnny De' Carli

Mensagem Oracular

A mensagem sugere que o consulente priorize tempo a fim de executar atividades que tragam verdadeira satisfação.

Mesmo as pessoas que têm muitas atividades ou muito trabalho podem encontrar tempo para fazer as coisas que realmente desejam, seja se dedicando à manutenção ou melhoria da saúde, à família, ao estudo, ao esporte, à boa leitura, aos amigos, a trabalhos filantrópicos ou ao lazer. O tempo dedicado às atividades que trazem alegria nunca é perdido, além de ser de suma importância para a qualidade de vida.

Ninguém é tão ocupado que não possa realizar o que de fato deseja, é necessário somente organizar os afazeres. Conseguimos realizar os nossos propósitos, economizando os minutos.

Aliás, as pessoas mais ocupadas têm tempo para tudo, observa-se que as pessoas que pouco ou nada fazem são as que mais reclamam da falta de tempo. Bem diz um provérbio chinês: *"Se quiser ver uma tarefa executada, confie-a a uma pessoa ocupada"*.

O Mestre Mikao Usui seguramente percebeu que muitos Reikianos, alegando falta de tempo, não faziam uso dos três pilares do Reiki: *Gassho* (meditação), *Reiji- Ho* (oração) e *Chiryo* (autotratamento), bem como práticas de atividade física, atividades de lazer, etc.

Reflita sobre as palavras de Antoine de Saint-Exupéry:

"Foi o tempo que perdi com a minha rosa
que a fez tão importante."

"Só falta tempo para quem não sabe administrá-lo."
Johnny De' Carli

61

RELVA DE VERÃO

"A relva de verão
representa o mundo agitado.
Corta-se uma vez e outra e,
ainda assim, volta sempre a crescer."

Imperador Meiji

"Se uma situação fosse de fácil solução não seria um problema."
Johnny De' Carli

Mensagem Oracular

A mensagem é uma lembrança ao consulente que não há nesse mundo quem não tenha problemas e perturbações no seu cotidiano. Vivemos em um planeta inquieto, movimentado, cíclico, de *karma* coletivo. Portanto, sempre teremos problemas que, mesmo solucionados ou minimizados, ciclicamente retornarão ou surgirão outros.

O Imperador associa os conflitos do dia a dia ao comportamento da relva ou erva daninha durante o calor do verão japonês. As ervas daninhas aparecem espontaneamente, muitas vezes nos lugares que menos desejamos, causam prejuízos e danos, interferindo negativamente na agricultura e, por mais que as retiremos, voltam sempre, mais cedo ou mais tarde. São cíclicas, crescendo com mais vigor no calor e na umidade do verão.

O Mestre Mikao Usui percebeu que vivemos em um mundo alvoroçado, desordenado e tumultuado, com grandes agitações políticas, econômicas, sociais, culturais, ambientais, dificuldades e problemas permanentes. Por isso, estamos constantemente sujeitos a diferentes disfunções e problemas de saúde. O Reiki pode muito contribuir para reduzir o estresse, melhorando e ajudando a manter a nossa saúde física e emocional.

Reflita sobre as palavras do bondoso Mestre Jesus:

"Basta a cada dia o seu mal" (Mateus 6, 34).

"É preciso estar preparado, pois todos estão sujeitos a diferentes tipos de problemas."
Johnny De' Carli

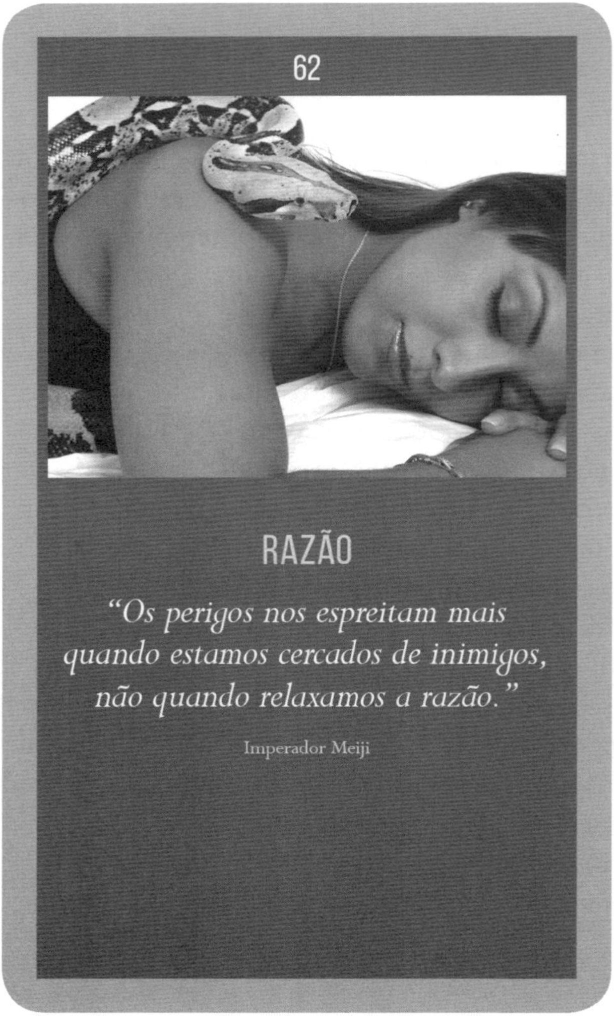

"Mais importante que a quantidade
é a qualidade dos seus amigos."

JOHNNY DE' CARLI

Mensagem Oracular

A mensagem é um alerta para que o consulente tenha muita cautela com os falsos amigos, pessoas do seu convívio, próximas, que poderão vir a lhe prejudicar ou colocar em situações de risco. Disse Voltaire: *"Que Deus me proteja dos meus amigos; dos inimigos, cuido eu"*.

Dentre os perigos que corremos, há mais risco quando temos ao nosso lado falsos amigos, pessoas invejosas, que queiram e possam causar-nos dano.

A razão, essa capacidade da mente de estabelecer relações lógicas pelo uso do raciocínio, sobrepõe-se às emoções. O ser humano é um animal racional. A razão é uma dádiva do céu, uma faculdade usada para discernir o bem do mal, que permite o processo para se chegar a conclusões. Quando cultivamos a razão, diminuímos os males. Os perigos crescem se os desprezamos, afinal, não há inimigo insignificante.

O Mestre Mikao Usui aceitava todos para o Nível 1 do Reiki, mas pessoas que não tivessem boa personalidade, pessoas não transparentes, promotoras de intrigas, fofoqueiras, desagregadoras, mal-intencionadas, etc., não eram aceitas para o Nível 2 (vide única entrevista concedida por ele).

Reflita sobre as palavras de Santo Agostinho:

"Há dois gêneros de inimigos: os que perseguem e os que adulam. Mas é mais para temer a língua do lisonjeiro do que as mãos do perseguidor."

"Somente o tempo se encarrega de distinguir a verdadeira e a falsa amizade."
JOHNNY DE' CARLI

63

CAMINHO ESTREITO

"Os caminhos são realmente estreitos entre os arrozais, mas os aldeões, com atenção, utilizam bem esses espaços."

Imperador Meiji

"Sem esforços próprios, não se pode galgar os degraus na escalada da evolução."

Johnny De' Carli

Mensagem Oracular

A mensagem recomenda que o consulente não se desvie do caminho da evolução espiritual. Não existem muitos "caminhos" rumo à evolução, há um só, que é o da caridade exercida com humildade.

O "caminho" para a evolução espiritual é "apertado" e difícil. Quem quer seguir pelo "caminho" que leva à "Pátria Celeste" deve estar cônscio que muitas oportunidades precisarão ser desprezadas para se manter no "caminho" correto. Há muitos encantos do mundo, tais como: dinheiro, luxo e prazer; oportunidades ofertadas que facilmente nos desviam do caminho da evolução espiritual.

O Mestre Mikao Usui seguramente percebeu que a ganância, a riqueza e os prazeres materiais fascinam tanto que os valores espirituais correm o risco de ficarem esquecidos ou em segundo plano. Ele certamente selecionou esse poema a fim de incentivar os Reikianos a exercerem a verdadeira caridade. O verdadeiro Reikiano jamais se esquece dessa verdade principal. Quando morrermos, somente levaremos aquilo que tivermos dado desinteressadamente.

Reflita sobre as palavras do bondoso Mestre Jesus:

"E porque estreita é a porta, e apertado o caminho que leva à vida, e poucos há que a encontrem" (Mateus 7, 14).

"Nunca se esqueça do principal. Muitas tentações precisarão ser ignoradas para que nos possamos manter no caminho certo."

Johnny De' Carli

64

CASA DE ARROZAL

"Os jovens estão na guerra.
Enquanto isso, um ancião ocupa-se,
sozinho, dos arrozais nas montanhas."

Imperador Meiji

"Quando estivermos mais maduros e com mais tempo,
é bom inclinarmo-nos para uma vida de elevação espiritual."
Johnny De' Carli

Mensagem Oracular

A mensagem lembra ao consulente uma realidade da vida: os filhos, netos, sobrinhos, etc., embora vivam conosco no início, não nos pertencem e, quando crescidos, acabam partindo. Chegada essa fase, é comum e recomendável que os tutores, agora mais maduros e com mais tempo, se inclinem a uma vida de elevação espiritual e busquem estarem mais próximos de Deus.

O Mestre Mikao Usui seguramente comparou o comportamento das crianças ao dos discípulos de um Mestre de Reiki: os alunos estão com o Mestre, mas são livres, não são do Mestre, somente convivem com ele durante o treinamento, que uma vez terminado, acabam partindo e seguindo o seu próprio caminho.

O Mestre Usui provavelmente percebeu, também, que o Reiki, como caminho espiritual, era procurado por muitas pessoas que já tinham seus dependentes formados e encaminhados, que encontravam assim mais tempo para se dedicar à prática.

Reflita sobre as palavras de Gibran Khalil Gibran:

"Vossos filhos não são vossos filhos. São os filhos e as filhas da ânsia da vida por si mesma. Vêm através de vós, mas não de vós. E embora vivam convosco, não vos pertencem. Vós sois os arcos dos quais vossos filhos são arremessados como flechas vivas. O arqueiro mira o alvo na senda do infinito e vos estica com toda a sua força, para que suas flechas se projetem rápidas e para longe. Que vosso encurvamento na mão do arqueiro seja vossa alegria; pois assim como ele ama a flecha que voa, ama também o arco que permanece estável."

"Da mesma forma que um satélite precisa largar o foguete para entrar em órbita, no momento certo, o discípulo precisará largar o seu mestre e trilhar o seu próprio caminho."
JOHNNY DE' CARLI

65

DIA

"Gostaria muito de ter um espírito rejuvenescido como o Sol nascente."

Imperador Meiji

"Renove diariamente os seus pontos de vista em busca da evolução."

JOHNNY DE' CARLI

Mensagem Oracular

A mensagem recomenda que o consulente renasça a cada dia para a vida, abandone os erros do passado, reveja ideias, modifique opiniões e seus pontos de vista, visando à evolução espiritual.

Deus, a cada nascer do Sol, nos dá uma nova oportunidade de despertar, evoluir, mudar e refazer conceitos.

Consta no Memorial a Mikao Usui, localizado em Tóquio, que os 5 Princípios do Reiki devem ser vivenciados diariamente (*Kyo Dake Wa* – Só por hoje).

Há pessoas que, em lugar de viverem intensamente o momento presente, prendem-se ao passado ou projetam-se no futuro. Vivem como um pêndulo em movimento, do passado para o futuro, sem nunca conseguirem parar no ponto zero, que é o nosso presente. A lembrança do passado rouba-lhes metade do presente e a preocupação com o futuro, a outra metade. Todas as pessoas têm, nesse sentido, dois inimigos: o passado e o futuro.

Deveríamos começar cada manhã como se fosse o dia mais importante de nossa vida; procurar ser uma pessoa em busca do aperfeiçoamento diário.

Reflita sobre as palavras psicografadas por Chico Xavier:

"Cada dia que amanhece assemelha-se a uma página em branco, na qual gravamos os nossos pensamentos, ações e atitude"
(in Indicações do Caminho).

"Você é o resultado de todos os quadros que pintou para si mesmo. Você sempre pode pintar novos quadros."
JOHNNY DE' CARLI

66

ESTAÇÃO DAS CHUVAS

"Durante a estação das chuvas,
a superfície das esteiras de junco
estão úmidas e molhadas.
Então, me preocupo com
as casas dos camponeses."

Imperador Meiji

"Interesse-se pelos seus semelhantes.
Busque ajudar aqueles que não têm as suas possibilidades."
JOHNNY DE' CARLI

Mensagem Oracular

A mensagem sugere que o consulente procure sempre ter amor ao próximo, seja solidário, nunca insensível às situações dramáticas alheias.

O Mestre Mikao Usui seguramente selecionou esse poema em respeito ao Princípio do Reiki *"Só por hoje, seja gentil com todas as criaturas vivas"*. Ele certamente observou que os sintomas de muitas doenças costumam se agravar nos períodos mais úmidos e quentes do ano e que o Reiki podia abrandar e até eliminar essas disfunções.

Sabe-se que os fungos podem crescer em ambientes fechados, dentro das casas, onde muitas crianças, desde o nascimento, ficam expostas a esses agentes patogénicos. Os principais sintomas encontrados pela alergia ao mofo são: congestão nasal, redução da capacidade olfativa, coriza, sensação de coceira no nariz e nos olhos, problemas nas adenoides, sinusites, espirros, tosse, expectoração, otites, sintomas da asma comum, "chiadeira", falta de ar, febre baixa, dores de cabeça, dores no corpo, desânimo, queimação na garganta e mau hálito.

Reflita sobre as palavras de Marco Aurélio:

"Um homem separado de um só homem
é excluído de toda a comunidade."

"A solidariedade é, sem sombra de dúvidas,
uma grande forma de alguém expressar o seu amor."
JOHNNY DE' CARLI

67

PENSAMENTO NUMA NOITE FRIA

"Desperto de um sonho,
com o barulho da tempestade.
E me preocupo com as
casas dos camponeses."

Imperador Meiji

"Os que foram na frente têm a obrigação
de orientar os que vêm atrás."
Johnny De' Carli

Mensagem Oracular

A mensagem sugere que o consulente seja mais solidário com as pessoas que, de alguma forma, dependem dele, nunca insensível às situações dramáticas alheias.

Ser solidário é não ser indiferente às circunstâncias alheias difíceis. A solidariedade não pode ser vista apenas como partilha de bens materiais, mas também dedicação de tempo e atenção e é, sem sombra de dúvidas, uma grande forma de alguém expressar o seu amor.

O Mestre Mikao Usui seguramente selecionou esse poema em respeito ao Princípio do Reiki *"Só por hoje, seja gentil com todas as criaturas vivas"*, incentivando os Reikianos a serem solidários, interessando-se pelos seus semelhantes permanentemente e não apenas como algo eventual.

Vale lembrar novamente a informação talhada na pedra do memorial do Mestre Mikao Usui sobre o solidário trabalho dos Reikianos, no socorro às vítimas sobreviventes do terremoto no Japão de 1923, quando faleceram mais de 140 mil pessoas.

Reflita sobre as palavras de Gutemberg Landi:

"Se todos se preocupassem com todos, o mundo seria mais justo."

"Reikianos, não façam da solidariedade algo eventual, mas sim, permanente."
JOHNNY DE' CARLI

68

PEDRA PRECIOSA

"Poderá pensar que a pedra transparente não brilha. É que se esqueceu de lustrá-la."

Imperador Meiji

"Não só o corpo físico, o espírito também precisa alimentar-se."

JOHNNY DE' CARLI

Mensagem Oracular

A mensagem sugere que o consulente se empenhe mais na prática da meditação e da oração.

A mente e o espírito humano precisam ser permanentemente "lustrados" a fim de se manterem puros e saudáveis. "Lustramos" a mente e o espírito através da meditação e da oração, respectivamente. Meditar e orar, para os grandes mestres espirituais, é essencialmente uma atitude permanente e não apenas um ato transitório. A lapidação pessoal está no exercício diário. Água parada fica podre; as pessoas também. É necessário que as mesmas criem dentro de si essa atmosfera permanente de meditação e oração e vivam nesse ambiente, como quem vive em plena luz do Sol.

O Mestre Mikao Usui seguramente selecionou esse poema a fim de incentivar os Reikianos a viver em constante manutenção, vigiando pensamentos, emoções e ações. Mantemos limpa a mente através da prática constante da meditação (*Gassho*), o espírito através da prática constante da oração (*Reiji-Ho*) e cuidamos das ações vivendo numa postura de retidão (5 Princípios do Reiki).

Existe uma relação íntima entre a parte material e a espiritual do ser humano. O espírito humano tem tanta necessidade de meditação e oração, como o corpo, de água e oxigênio. Se a oração alivia o espírito, a meditação alivia a mente, a mente alivia as emoções, o que, por sua vez, alivia o sistema nervoso.

Reflita sobre as palavras de Aristóteles:

"Somos o que repetidamente fazemos."

"Reserve uns minutos por dia para oração e meditação."
JOHNNY DE' CARLI

69

RELÓGIO

"Um vai mais rápido,
outro mais lentamente.
Todos os relógios têm
diferentes tamanhos
e diferentes ponteiros."

Imperador Meiji

"O tempo de vida física não para,
está sempre em contagem decrescente, até terminar.
Começamos a morrer no momento em que nascemos."

JOHNNY DE' CARLI

Mensagem Oracular

A mensagem é um alerta para que o consulente observe atitudes e fatores físicos em sua vida, tais como: alimentação, repouso, atividade física, prudência, prevenção, etc., a fim de influenciar positivamente em sua longevidade.

O tempo de vida física difere entre as pessoas, mas, mais cedo ou mais tarde, ninguém escapa da morte, seja por doença, por velhice ou acidentes, visto que a morte não escolhe idades. Começamos a morrer no momento em que nascemos, cada segundo nos leva em direção à morte, o tempo de vida física não para, está sempre em contagem decrescente, até terminar.

O relógio é um instrumento que permite medir intervalos de tempo, é utilizado desde a Antiguidade, em variados formatos. É uma das mais antigas invenções humanas. No Japão, os relógios simbolizam a morte, por esse motivo nunca são presenteados.

O Mestre Mikao Usui seguramente selecionou esse poema a fim de alertar que o Reiki pode contribuir muito no aumento da expectativa de vida das pessoas, trazendo inclusive muitos benefícios pessoais.

Reflita sobre as palavras de Giuseppe Belli:

"A morte está escondida nos relógios."

"Não protele, você não sabe se terá tempo suficiente."
Johnny De' Carli

"Quem se expõe ao perigo, uma hora perde."
Johnny De' Carli

Mensagem Oracular

A mensagem recomenda que o consulente tenha muita cautela com suas próximas decisões importantes. Antes cautela que arrependimento.

O ser humano é dotado do livre arbítrio ou a capacidade de tomar decisões por sua própria conta e risco.

Somos, a princípio, todos colocados na "estrada principal da vida", que nos conduz rapidamente até a primeira "bifurcação". Ocorre que as "bifurcações" são muitas, além de que o caminho que desce e o caminho que sobe são os mesmos, escolher um é excluir o outro. As escolhas são pessoais e devemos nos responsabilizar por elas. Não são raras as vezes que temos que escolher entre um caminho longo e seguro e outro mais rápido e perigoso. Em geral, optamos pelo caminho mais fácil. Geralmente o de menos obstáculos é o caminho do "perdedor".

Não vale a pena correr riscos desnecessários. Quem se expõe ao perigo, uma hora perde. Não é raro encontrar pessoas que, em um ato impensado, mudaram o rumo das coisas, comprometeram ou destruíram algo que fora construído arduamente.

Na entrevista contida no manual com o título de *"Reiki Ryoho Hikkei"*, entregue aos alunos do Mestre Mikao Usui quando lecionava, ele afirmava que o Reiki é um "caminho correto de vida."

Reflita sobre as palavras que o bondoso Mestre Jesus disse:

"Sejam simples como as pombas e prudentes como as serpentes" (Mateus 10, 16).

"As pessoas prudentes raramente tropeçam."
JOHNNY DE' CARLI

71

PENSAMENTO OCASIONAL

"Deves refletir sobre o momento certo de seguir ou poderás tomar um caminho perigoso."

Imperador Meiji

"Sempre devemos esperar o momento mais adequado para agir."

Johnny De' Carli

Mensagem Oracular

A mensagem sugere que o consulente tenha muita serenidade ao que precisa fazer, pensando o tempo necessário, a fim de agir com bom senso e no momento certo, caso contrário poderá gerar situações que causem arrependimento. Nem sempre é a hora adequada.

Existe o momento correto para a tomada das decisões, das ações, do fazer e do não fazer. O tempo e as oportunidades não esperam ninguém. Saber agir na hora certa é privilégio de poucos.

Há momentos em que a única coisa a fazer é manter-se simplesmente atento, paciente, à espera, sem sinais de ansiedade. Saber esperar o tempo certo é sinal de maturidade.

Geralmente quando alguma coisa está na hora de acontecer, pequenas manifestações do cotidiano enviarão sinais indicando o caminho e a hora certa. Pode ser a palavra de um amigo, um texto lido, uma observação qualquer. Basta observar melhor o que está à nossa volta.

O Mestre Mikao Usui seguramente queria nos alertar que, em alguns casos, é de bom senso aguardar o momento certo de aplicar a energia Reiki. Por exemplo, no caso em que o receptor esteja sob o efeito de anestesia (trabalho cirúrgico), como a energia Reiki trabalha no expurgo de substâncias estranhas ao corpo, pode ocorrer uma leve diminuição do efeito da mesma.

Reflita sobre as palavras de Xavier Maistre:

"Saber quando se deve esperar é o grande segredo do sucesso."

"Saber agir na hora certa é privilégio de poucos.
Nem sempre é hora de agir."
JOHNNY DE' CARLI

"Que pena que o ser humano, com a idade, perde a pureza da infância."
JOHNNY DE' CARLI

Mensagem Oracular

A mensagem recomenda que o consulente interaja e aprenda mais com as crianças. Elas ensinam três coisas muito importantes para os adultos: a sinceridade, a simplicidade e a autenticidade. O amor delas é universal, sorriem e fazem amizades em um instante e respeitam as diferenças entre as pessoas. As crianças não guardam mágoas e rancores como os adultos e perdoam com muita facilidade.

As crianças estão ligadas a Deus pela pureza de seus corações, têm uma aura de luz em torno de si, vivem em harmonia espiritual. Nisso, os adultos não conseguem ser iguais às crianças.

O Mestre Mikao Usui seguramente desejava que os Reikianos aprendessem com as crianças e se comportassem como elas. Ele sabia que, lamentavelmente, o ser humano, com a idade, perde a pureza e a inocência da infância e desenvolve a malícia, o egoísmo e o orgulho.

Reflita sobre as palavras do bondoso Mestre Jesus:

"Deixem vir a Mim as crianças e não as impeçam, pois o reino de Deus pertence aos que são semelhantes a elas" (Lucas 18, 6).

"O amor das crianças é universal.
Aprendamos com elas."
Johnny De' Carli

*"As árvores rígidas, muitas vezes se quebram nas tempestades.
Também as pessoas rígidas se quebrantam nas crises da vida.
Seja flexível e maleável."*

Johnny De' Carli

Mensagem Oracular

A mensagem sugere que o consulente procure permanentemente, ao longo de sua existência, ceder às situações externas adversas, para melhor triunfar na vida. Quanto menos alguém se opuser à realidade que se apresenta, mais resistente se tornará.

O Mestre Mikao Usui certamente desejava que os jovens discípulos se tornassem Mestres de Reiki com integridade de caráter, de conduta reta, honrados, éticos, educados, justos e puros de espírito, porém sem rigidez, com humildade e flexibilidade que conduz à capacidade de adaptações e mudanças.

Da natureza, o método Reiki tomou como símbolo o bambu, que pode representar metaforicamente o funcionamento da energia no Reikiano. O bambu é flexível, reverencia o vento que o toca soprando, dobra-se nos mostrando que quanto menos alguém se opuser à realidade da vida, mais resistente tornar-se-á para chegar a viver em plenitude. O bambu é forte, servindo para a indústria naval, movelaria e construções em geral, assim como todos que receberam a iniciação no método Reiki tendem a ficar fortes e resistentes. Entre um nó e outro, o bambu é oco, como vazio é o espaço entre o Céu e a Terra, representando os que escolheram ser canais de energia Reiki, que passam a funcionar como verdadeiros "tubos" direcionadores de Energia Cósmica.

Reflita sobre as palavras de Jack Weich:

"Mude antes de ser obrigado a fazê-lo."

"O que identifica o caráter de uma pessoa
é a maneira como ela trata os mais fracos e humildes."
JOHNNY DE' CARLI

74

FLOR LEMBRA NUVEM

"Cerejeiras em flor
são como nuvens entre
pinheiros anões da montanha."

Imperador Meiji

"Nada na vida é imutável ou estático, tudo é transitório."
JOHNNY DE' CARLI

Mensagem Oracular

A mensagem sugere que o consulente conserve as suas crenças positivas, apesar das críticas que o cercam, e reaja com determinação perante qualquer dificuldade que venha a enfrentar neste mundo, com o entendimento de que tudo é transitório.

O Mestre Mikao Usui seguramente selecionou esse poema a fim de incentivar os Reikianos a nunca desistirem de seus ideais superiores, reagindo com firmeza e estabilidade perante qualquer situação desagradável e de dificuldade; afinal, tudo passa. É preciso estar preparado, pois todos estão sujeitos a diferentes tipos de problemas, sejam de saúde, de família, de relacionamentos, de finanças, de dogmas religiosos, etc.

Reflita sobre as palavras de Willian Tressmann:

"E de repente tudo muda de lugar, o que era deixa de ser e o que não era passa a ser. A vida e seus ciclos."

"Tudo na vida tem um ciclo: princípio, meio e fim.
A vida está em constante movimento, a mudança é a lei da vida."
Johnny De' Carli

75

CASAS NO VERÃO

"As casas da cidade enfileiradas,
uma ao lado da outra
Através das pequenas janelas,
o vento não passa.
Deve fazer tanto calor!"

Imperador Meiji

"Olhe as coisas ao seu redor com amor e renasça."
Johnny De' Carli

Mensagem Oracular

A mensagem sugere que o consulente não seja indiferente às situações alheias difíceis.

O Mestre Mikao Usui seguramente selecionou esse poema em respeito ao Princípio do Reiki *"Só por hoje, seja gentil com todas as criaturas vivas"*, incentivando os Reikianos a serem solidários, interessando-se mais pelos seus semelhantes, desenvolvendo a fraternidade e o amor ao próximo.

Reflita sobre as palavras que o Mestre Dalai Lama disse:

"Quando a sua ajuda aos semelhantes é fruto de motivação e preocupação sinceras, isso lhe traz sorte, amigos, alegrias e sucesso. Se você desrespeita os direitos dos outros e descuida-se do bem-estar alheio, acabará imensamente solitário."

"Um bom amigo revela-se nos momentos de dificuldade."
JOHNNY DE' CARLI

76

ABNEGAÇÃO FRENTE AOS PAIS

"Ocupar-se dos pais, com amor, é o começo da retidão humana."

Imperador Meiji

"Viver em plenitude é amar intensamente. A intensidade do amor faz a qualidade da vida."

Johnny De' Carli

Mensagem Oracular

A mensagem orienta que o consulente nutra sempre gratidão aos seus pais, seres aos quais todos somos eternos devedores, eles fazem parte de nós. Aqueles que nos deram tanto de si, precisam de nós exatamente quando amadurecemos e eles envelhecem. Nesse momento, é nosso papel ajudá-los a viver e a enfrentar a velhice, mantermo-nos presentes, demonstrar carinho, companheirismo, gratidão, amá-los incondicionalmente e respeitá-los até o fim de seus dias, independente de erros e acertos. Devemos sempre separar e priorizar um tempo para destinar a eles.

Não é possível ser uma pessoa confiável, com integridade de caráter, de conduta reta, honrada, ética, justa e pura de espírito, se abandona os pais no esquecimento, muitas vezes em asilos. Se não nos recordarmos de nossos pais, esqueceremos quem somos. Devemos seguir o nosso caminho, mas sempre lembrando as nossas origens.

O respeito aos pais demonstra-se na sincera reverência quando se fala com eles e deles.

O Mestre Mikao Usui seguramente selecionou esse poema em respeito ao Princípio do Reiki *"Só por hoje, expresse sua gratidão"*. O Mestre Usui certamente também associou a relação dos filhos para com os seus pais, que lhes deram a vida, ao discípulo para com o seu Mestre de Reiki. Nossas raízes são muito importantes.

Reflita sobre a seguinte citação Bíblica:

"Honra o teu pai e a tua mãe" (Êxodo, 20, 12).

"Não devemos esquecer as nossas raízes, elas são muito importantes."
Johnny De' Carli

"No coração está centrado o mais sagrado dos chacras."
JOHNNY DE' CARLI

Mensagem Oracular

A mensagem é uma lembrança ao consulente, que a sabedoria vem com o tempo. Para compreender os pais e demais educadores é preciso amadurecer. Os idosos, que acumularam mais experiências, passaram por todas as fases no aprendizado da vida e atingiram a maturidade na arte de viver.

Geralmente, no início, os filhos amam os pais e depois de certo tempo, passam a julgá-los. Os jovens, não raro, são orgulhosos, se acham os "donos da verdade", totalmente independentes e não entendem o comportamento dos pais. Na maturidade é que começam a compreender tudo o que se passou nos corações deles, as noites mal dormidas, etc.

A dimensão que representa ser pai e mãe é algo tão grandioso que, muitas vezes, os filhos só podem mensurar quando se tornam pais. Nesse momento é que aperta a saudade, a memória do coração, aqui representada pela expressão "deles te lembrarás".

O Mestre Mikao Usui seguramente associou essa relação cronológica de entendimento entre filhos e pais aos discípulos para com o seu Mestre de Reiki. Só estando no lugar do outro para compreendê-lo melhor.

Reflita sobre as palavras de Augusto Cury:

"Muitos filhos só entenderão que deveriam ter conhecido e amado mais seus pais no dia em que eles fecharem os olhos para sempre."

"As coisas mais maravilhosas neste planeta não podem ser vistas; só podem ser percebidas na sutileza do coração."
Johnny De' Carli

> *"A educação de uma pessoa começa no berço e influi sobre toda a vida."*
>
> Johnny De' Carli

Mensagem Oracular

A mensagem é um alerta para que o consulente preste mais atenção em sua vida cotidiana, nos pequenos exemplos, nas palavras e na forma como trata as pessoas e a vida, pois tudo isso vai ajudar a moldar a personalidade de seus filhos ou outras crianças de sua convivência.

Os pais nada melhor podem dar a um filho do que uma boa educação. Muitas vezes, depois de adultos, nos vemos repetindo gestos e seguindo condutas que fizeram parte da vida de nossos pais e que presenciamos muitas vezes.

O Mestre Mikao Usui seguramente selecionou esse poema a fim de nos orientar sobre a escolha de bons Mestres de Reiki. No Reiki, pregar os 5 Princípios é muito fácil, difícil é viver de acordo com eles. Um instrutor deve cumprir o que ensina. De nada adiantam teorias, explicações, se não formos bons modelos. A melhor sala de aula está aos pés de uma pessoa que ofereça bons exemplos. Um bom exemplo vale mais que mil palavras. Há muita gente iniciada no Mestrado de Reiki, mas há pouca gente "acabada". Mestres de Reiki que não vivem de acordo com os Princípios do Reiki são verdadeiros cegos espirituais; no caminho espiritual isso é um desastre. Como bem disse o Mestre Jesus: *"Se um cego guiar outro cego, ambos cairão no barranco"* (Mateus 15, 14).

Reflita sobre as palavras que Albert Einstein disse:

"A educação é o que resta depois de se ter esquecido
tudo o que se aprendeu na escola."

"Se educarmos bem os jovens,
não precisaremos puni-los depois de crescidos."
JOHNNY DE' CARLI

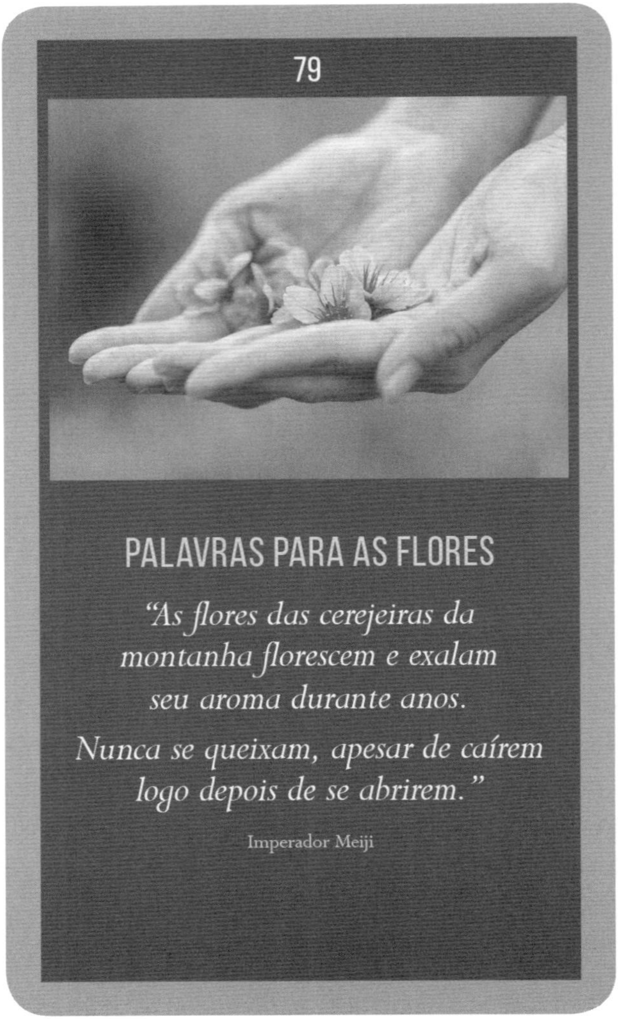

"A verdade básica é que tudo muda.
Tudo evolui recriando-se a cada segundo. Tudo na vida passa."

Johnny De' Carli

Mensagem Oracular

A mensagem sugere que o consulente seja mais resignado, estando disposto a suportar o que lhe sucede fisicamente com o avanço dos anos. Muitos erram reclamando da idade avançada ao invés de agradecer por terem nascido e estarem vivos.

Todos conhecem o ciclo efêmero da vida humana: a juventude, a maturidade e a velhice. Nesta, geralmente se observam muitas reclamações pela falta de aceitação do desaparecimento da beleza e do vigor da juventude; as pessoas desejam viver muito tempo, mas não querem ser idosas. Poucas pessoas sabem envelhecer.

O Mestre Mikao Usui seguramente selecionou esse poema em respeito ao Princípio do Reiki *"Só por hoje, expresse sua gratidão."* É impossível viver em gratidão, reclamando simultaneamente. Devemos deixar de reclamar e passar a agradecer, para que as coisas mudem positivamente na vida.

Reflita sobre as palavras de Henri Amiel:

"Saber envelhecer é a grande sabedoria da vida."

"As pessoas desejam viver muito tempo, mas não querem ser velhas. Poucas pessoas sabem envelhecer. É importante sermos resignados, estarmos dispostos a suportar o que nos sucede."
Johnny De' Carli

80

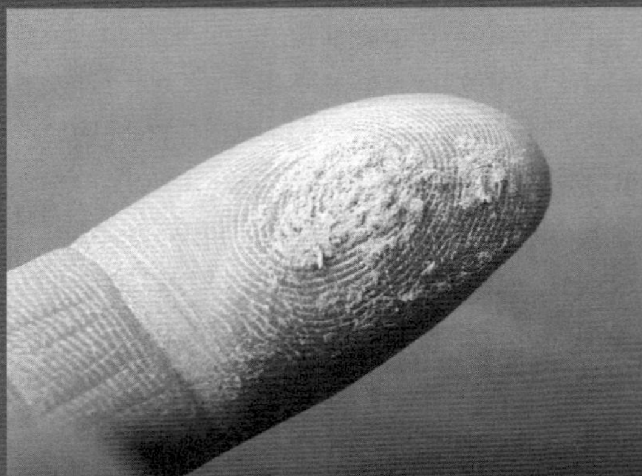

POEIRA

"É bom tirar o pó,
quando ele se acumula,
mesmo que embaixo dele
não encontres nada importante."

Imperador Meiji

"As pessoas perdem a sua luz
quando nutrem maus pensamentos."
JOHNNY DE' CARLI

Mensagem Oracular

A mensagem é uma lembrança ao consulente que a mente e o espírito humano precisam ser periodicamente "limpos" a fim de nos mantermos puros e saudáveis. "Limpamos" a mente e o espírito através da meditação e da oração, respectivamente.

As pessoas, virtuosas ou não, perdem a sua "luz" quando nutrem maus pensamentos, consequentemente, armazenam emoções inferiores, como mágoas, ressentimentos, medos, ódio, etc.

No estado não meditativo, nossa mente está cheia de "poeira", lembrando um espelho embaçado. Há um tráfego incessante de pensamentos negativos, preocupações, ansiedades, ambições, etc., até na hora do sono.

O Mestre Mikao Usui seguramente selecionou esse poema a fim de alertar que uma pessoa deve manter-se em constante "purificação", vigiando pensamentos e emoções inferiores. Os Reikianos mantêm "limpa" a mente através da prática constante da meditação *Gassho*, o espírito através da prática constante de *Reiji-Ho* (oração). Se a oração alivia a alma, a meditação alivia a mente, a mente sadia alivia as emoções inferiores, o que, por sua vez, alivia o sistema nervoso. Não se pode fazer com que uma pessoa tenha um corpo sadio enquanto ela não tiver um espírito são. Há em nosso espírito todos os recursos de que precisamos para vivermos felizes.

Reflita sobre as palavras de Gandhi:

"Como o corpo que não se lava fica sujo,
assim a alma sem oração fica impura."

"Se você controlar os pensamentos, controlará as suas emoções,
pois estas se originam daqueles."
Johnny De' Carli

81

APRENDIZADO

"Lamento minha atitude na infância, quando acreditava que, no aprendizado, não valia a pena o esforço."

Imperador Meiji

"Estude com afinco.
A falta de estudo é um obstáculo por toda vida."
Johnny De' Carli

Mensagem Oracular

A mensagem sugere que o consulente não desperdice qualquer oportunidade de estudar e aprender, a fim de não se arrepender futuramente. São aqueles que aproveitam as oportunidades que posteriormente têm mais possibilidades de sucesso.

Aprender é a coisa mais inteligente que se pode fazer na infância e na juventude. A educação é um patrimônio que ninguém pode nos tirar, além de influir sobre toda a vida. A falta de estudo é um obstáculo por toda a existência.

O Mestre Mikao Usui seguramente selecionou esse poema em respeito ao Princípio do Reiki *"Só por hoje, faça seu trabalho com amor e honestamente."* Aqui, o trabalho pode ser visto também como o processo de instrução e aprendizagem, ou seja, o Mestre Usui desejava incentivar os Reikianos a serem aplicados no estudo do Reiki. Nada se obtém sem esforço. Quem não se esforça em aprender certas coisas acaba por conhecê-las apenas de modo superficial. No que diz respeito à dedicação, não existe meio termo, ou se faz uma coisa bem feita ou não se faz. Tudo que merece ser feito, merece ser bem feito.

Reflita sobre as palavras de Emanuel Wertheimer:

"O arrependimento sincero é geralmente resultado da oportunidade perdida."

"Quanto mais aprendemos, melhor empreendemos."
JOHNNY DE' CARLI

82

LEMBRANÇA

*"Penso na vida do meu povo,
em como ele vive quando
chove ou brilha o Sol."*

Imperador Meiji

*"Um líder deve estar constantemente vigilante
às necessidades de seus liderados."*
Johnny De' Carli

Mensagem Oracular

A mensagem sugere que o consulente esteja mais atento para com as necessidades das pessoas que de si dependem.

Haja o que houver, um líder deve estar permanentemente ligado às necessidades de seus liderados, cumprindo com as suas obrigações. Um dirigente, mesmo um chefe de família, deve assumir suas responsabilidades junto às pessoas que dele dependem, aconteça o que acontecer.

O Mestre Mikao Usui seguramente selecionou esse poema em respeito ao Princípio do Reiki *"Só por hoje, faça seu trabalho com amor e honestamente."* Ele seguramente queria orientar os Mestres de Reiki a serem sempre responsáveis, cumprindo seus deveres e obrigações para com os seus discípulos.

Reflita sobre as palavras de Alexandre Dumas:

"Por vezes é penoso cumprir o dever,
mas nunca é tão penoso como não cumpri-lo."

"Reconhece-se a qualidade de um bom líder
na forma como trata os seus liderados."
JOHNNY DE' CARLI

83

CAMINHO

"Por mais longe que esteja o objetivo,
se trilhas o caminho pelo qual
o ser humano deveria andar,
não correrás maiores riscos."

Imperador Meiji

"Estar no caminho certo é mais importante do que a pressa.
Para onde se vai é mais importante do que quão rápido se está indo."

Johnny De' Carli

Mensagem Oracular

A mensagem sugere que o consulente escolha muito bem, sem impulsividade ou, se já escolheu, reflita sobre o "caminho" que está trilhando para ganhar a vida, pensando o tempo necessário, a fim de agir com bom senso. Cada um é criador do seu próprio destino.

Por mais que uma meta que desejemos atingir esteja fora de alcance, se escolhermos uma vida honesta, honrada, ética, justa e íntegra, não nos envolveremos em situações que nos possam gerar sofrimento, dificuldades e arrependimento. A desonestidade só cria infelicidade, ódio, guerra e inimizades.

Não é raro encontrar pessoas, que numa atitude inconsequente, mudaram o rumo das coisas, comprometeram ou destruíram uma reputação construída arduamente.

O Mestre Mikao Usui seguramente selecionou esse poema em respeito ao Princípio do Reiki "*Só por hoje, faça seu trabalho com amor e honestamente*". Ele certamente incentivava os Reikianos a serem honestos e íntegros em seu trabalho. A honestidade é a primeira virtude necessária para o ser humano se ligar ao mundo angelical. Atos honestos são sagrados. Só a justiça e a honestidade propiciam o amor. A Lei do Karma é: "*O que plantarmos, haveremos de colher*". Se plantarmos um trabalho com energia honesta e produtiva, colheremos de volta a mesma energia.

Reflita sobre as palavras de Platão:

"Devemos seguir sempre o caminho que conduz ao mais alto."

"Mesmo um pequeno progresso é um avanço quando se está no caminho correto."
JOHNNY DE' CARLI

"Perder tempo é desperdiçar a vida e trabalhar é a melhor forma de ocupar o tempo. Faça do trabalho um hábito diário."

Johnny De' Carli

Mensagem Oracular

A mensagem sugere que o consulente faça do trabalho um hábito diário; qualquer forma de trabalho é válida e digna, se for feita com honestidade, nada há de humilhante. A mensagem também é uma lembrança ao consulente, que o tempo, assim como uma fecha atirada, é algo que não volta atrás. Perder tempo é desperdiçar a vida e trabalhar é a melhor forma de ocupar o tempo.

Nenhum trabalho honesto, por mais humilde que seja, desonra uma pessoa. O trabalho afasta de nós o tédio, a corrupção e a necessidade; é a fonte de toda a riqueza e cultura.

O tempo perdido não se recupera; não devemos desperdiçá-lo, pois ele é a "pérola" dada por Deus para a nossa realização. Devemos ocupar nosso tempo crescendo, desenvolvendo nossas atividades e nossos talentos.

O Mestre Mikao Usui seguramente selecionou esse poema em respeito ao Princípio do Reiki *"Só por hoje, faça seu trabalho com amor e honestamente"*. As pessoas crescem através do trabalho, aprendem com o trabalho e a vida diária. Tudo que nasce do trabalho é bom. Não podemos perder tempo, devemos procurar a profissão que a nossa vocação pede, fazer algo que nos agrade, tentar ser o que gostaríamos de ser.

Reflita sobre as palavras de Louis Pasteur:

"Teria a impressão de ter cometido um roubo,
se passasse um dia sem trabalhar."

"O trabalho é a melhor forma de ocupar o tempo ocioso."
Johnny De' Carli

"Nem sempre temos a passagem livre para fazer o que queremos. Haverá partes do caminho livres e haverá momentos que teremos que desviar dos obstáculos. Corrija sempre o rumo a fim de evitar confronto."

JOHNNY DE' CARLI

Mensagem Oracular

A mensagem recomenda que o consulente corrija o "rumo" a fim de evitar entrar em confrontos. Para isso, é fundamental manter o controle emocional para poder desviar dos obstáculos, sem perder a calma.

Ao longo da nossa jornada, nem sempre temos o caminho livre para fazer o que queremos. Haverá momentos que encontraremos barreiras e dificuldades, que temos de sabiamente contornar para atingir o nosso objetivo. Não devemos perder tempo e energia por causa de um incidente natural e sim, contornar o bloqueio e seguir normalmente o nosso curso.

O Mestre Mikao Usui certamente selecionou esse poema a fim de alertar que nem todos os problemas de saúde e disfunções com que nos deparamos são plenamente solucionáveis. Muitas vezes o restabelecimento da saúde não ocorre; isso pode ser devido a fatores cármicos ou, também, pelo fato de os receptores terem outras reais necessidades no momento, mesmo sem terem consciência das mesmas.

Em muitos casos, são obstáculos para o Reiki a falta de suporte médico, de dietas adequadas, de exercícios físicos, de repouso restaurador e o que é o mais importante: a falta de pensamentos, atitudes e emoções positivas.

Reflita sobre as palavras de Lao-Tsé:

"O rio atinge seus objetivos
porque aprendeu a contornar obstáculos."

"Muita gente deve suas glórias aos problemas, contrariedades e obstáculos que tiveram que contornar ao longo de suas vidas."
JOHNNY DE' CARLI

86

CAMINHO

"Ao aprender, é possível que interrompas para logo recomeçar. O caminho do aprendizado não é fácil!"

Imperador Meiji

"Quanto mais você estudar, menos você temerá."

JOHNNY DE' CARLI

Mensagem Oracular

A mensagem recomenda que o consulente nunca interrompa definitivamente os estudos. Parar de estudar seria o mesmo que andar para trás. Busque conhecimento sempre e constantemente, somos eternos estudantes e aprendizes; contudo, aprender de fato não é fácil, não basta só "ouvir por fora", é necessário "entender por dentro"; o verdadeiro aprendizado não se obtém sem esforço.

Qualquer idade é boa para instruir-se, o aprendizado ocorre ao longo de uma existência inteira, nunca termina, podendo ocorrer pausas no processo, afinal, o conhecimento vem em doses e na medida exata do nosso entendimento. Sempre haverá novos conhecimentos esperando por nós.

O Mestre Mikao Usui seguramente selecionou esse poema em respeito ao Princípio do Reiki *"Só por hoje, faça seu trabalho com amor e honestamente"*. Aqui, o trabalho pode ser visto também como o processo de aprendizagem. Ele certamente queria alertar os Reikianos que o conhecimento vem em etapas, por isso, nunca devemos parar de estudar, pensando que já sabemos tudo sobre o Reiki; ninguém aprende aquilo que pensa que já sabe. Novas lições sempre existirão, o aprendizado sobre o Reiki nunca termina, o conhecimento é ilimitado assim como é o Universo.

Reflita sobre as palavras de Públio Siro disse:

"É melhor ser ignorante de alguma coisa do que aprendê-la mal."

"Ninguém aprende aquilo que pensa que já sabe."
JOHNNY DE CARLI

87

PENSAMENTO OCASIONAL

"Viver muito tempo neste mundo não vale a pena, se chegar ao final da vida sem alguma habilidade ou ocupação."

Imperador Meiji

"Saber envelhecer é a grande sabedoria da vida. Quando se é idoso, é preciso ser mais ativo do que na juventude e o trabalho segue sendo a melhor forma de ocupar o tempo ocioso."

Johnny De' Carli

Mensagem Oracular

A mensagem recomenda que o consulente aprenda a envelhecer, mantendo-se saudável e feliz. É preciso viver, não apenas existir.

Quando se é idoso, é preciso ser mais ativo do que na juventude. Todo idoso deve procurar fazer algo que lhe agrade, ter sempre uma ocupação, por mais singela que seja, concentrando sua energia em afazeres que tenham um verdadeiro valor. Não só com um trabalho, como também com a família, estudo, esporte, boa leitura, atividades filantrópicas, atividades religiosas, amigos e lazer.

O Mestre Mikao Usui seguramente selecionou esse poema em respeito ao Princípio do Reiki *"Só por hoje, faça seu trabalho com amor e honestamente"*. Sabe-se que o trabalho é a melhor forma de ocupar o tempo ocioso. Saber envelhecer é a grande sabedoria da vida. Nada há melhor do que ser útil. Essa qualidade é o elo que nos prende aos nossos semelhantes. O Mestre Usui certamente queria nos alertar que o ensino e a aplicação de Reiki é uma excelente forma dos idosos ocuparem o seu tempo de forma produtiva.

Reflita sobre as palavras de Voltaire:

"Quanto mais envelhecemos, mais precisamos ter o que fazer. Mais vale morrer do que arrastarmos na ociosidade uma velhice insípida: trabalhar é viver."

"Muitos erram reclamando da idade avançada ao invés de agradecer por terem nascido e estarem vivos. A velhice é uma etapa importante da vida, só precisamos aprender a conviver com ela."
JOHNNY DE' CARLI

88

PESSOAS

"As coisas poderão
não correr como programadas.
Mas, depois, quando olhares
para trás, verás que afinal,
tudo andou bem na tua vida."

Imperador Meiji

"Não existe nada mais danoso para destruir uma nova relação,
que as expectativas geradas. Sem expectativas,
se vier muito pouco, já é ganho."

Johnny De' Carli

Mensagem Oracular

A mensagem sugere que o consulente evite criar muita expectativa nas pessoas.

O excesso de expectativa que comumente criamos nas outras pessoas geralmente causam desilusões. Mas, passado algum tempo e as decepções, percebemos que todos com quem tivemos contato em nossa vida nos deixaram algo de bom, contribuindo de alguma forma para a nossa evolução.

O Mestre Mikao Usui selecionou esse poema a fim de nos alertar a não superestimarmos o trabalho dos Reikianos e dos Mestres de Reiki. Quando criamos expectativas, tudo que vem parece ser pior do que o esperado. A expectativa geralmente gera desapontamento. Quando não há expectativa também não há desilusão.

Reflita sobre as palavras de William Shakespeare:

"A expectativa é a raiz de toda mágoa."

"O excesso de expectativa é o caminho mais curto para a frustração. Quando criamos expectativas, tudo que vem parece ser pior do que o esperado. A expectativa geralmente gera desapontamento."
JOHNNY DE' CARLI

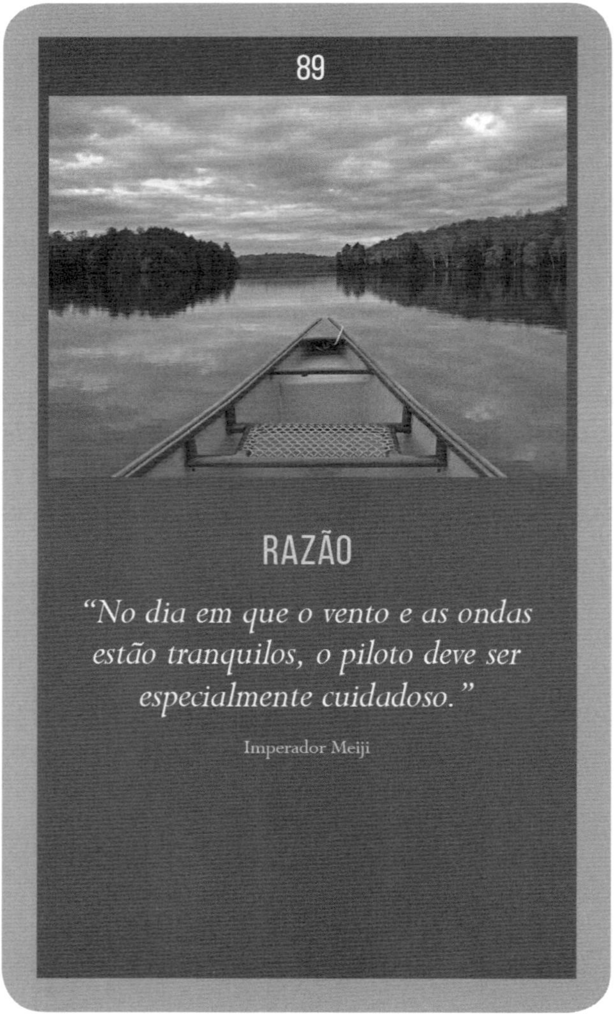

"Seja uma pessoa prevenida, esteja sempre preparada para acontecimentos inesperados."

Johnny De' Carli

Mensagem Oracular

A mensagem sugere que o consulente esteja precavido, pois poderá passar por uma situação desagradável no campo emocional; uma mudança poderá acarretar um período de turbulência, obrigando-o a utilizar a razão, o raciocínio, sem a ação das emoções. Quando cultivamos a razão, diminuímos os males.

A vida está em constante movimento, a mudança é a lei da vida, tudo se move em ciclos. A cada período que se fecha, inicia-se outro; todas as coisas, inquietações e circunstâncias adversas ou agradáveis são transitórias, nada é definitivo. Por isso, é preciso ser cauteloso em qualquer situação, mesmo nos momentos tranquilos. Todos os dias, em todos os lugares onde estivermos, principalmente nos períodos em nossa vida em que estamos com saúde, em paz e sem problemas, também devemos ficar atentos e precavidos às possíveis mudanças. A prevenção nos fortalece, por isso, facilmente escutamos que um homem prevenido vale por dois. Diz o dito popular: *"Águas paradas, cautela com elas. A calmaria precede a tempestade."*

O Mestre Mikao Usui seguramente selecionou esse poema a fim de alertar que o Reiki é também um método preventivo, destinado inclusive para as pessoas saudáveis. Nada na vida é imutável ou estático, tudo é transitório, inclusive a saúde. É sempre melhor prevenir doenças, que remediar.

Reflita sobre as palavras do Mestre Confúcio:

"O sábio teme o céu sereno; em compensação, quando vem a tempestade ele caminha sobre as ondas e desafia o vento."

"Não deixe que as emoções o imobilizem.
Encare-as como oportunidades."
Johnny De' Carli

90

CAMINHO

*"Quando és mais lento
que os demais que vão contigo,
é que deves escolher o
caminho correto."*

Imperador Meiji

*"Não adianta querer apressar-se, tentar antecipar os fatos,
tudo acontece no seu devido tempo. Mais importante
do que a pressa é estar no caminho certo."*

Johnny De' Carli

Mensagem Oracular

A mensagem alerta ao consulente que o mais importante nesse momento de sua vida não é ter pressa para modificar a situação em que se encontra, mas avaliar bem a direção para a qual está se movendo.

A velocidade só faz sentido se estamos na direção certa. Para onde se vai é mais importante do que o quão rápido se está indo. Precisamos saber para onde estamos nos direcionando e se queremos seguir naquele caminho. Se não se tem ideia qual rumo tomar, todos os caminhos levam a lugar nenhum.

O Mestre Mikao Usui certamente queria sensibilizar os Reikianos para o fato de que estar no caminho certo é mais importante do que a pressa. Aliás, é importante não termos tanta pressa para aprender o Reiki, a fim de percebermos bem cada etapa dos diferentes níveis. Nas coisas espirituais, só aquilo que demora nos inicia.

No Reiki, com essa precipitação, corremos o risco de ficarmos na superfície e não encontrarmos o verdadeiro conhecimento. Ter uma atitude mais comedida significa colocar mais atenção no que se faz. A afobação impede-nos de ver e viver certas realidades, pequenos detalhes da vida e das pessoas. Às vezes, em um pequeno detalhe há uma preciosa lição.

Reflita sobre as palavras de Thomas Paine:

"É a direção e não a intensidade que deve ser levada em consideração."

"A cada passo dado no seu Caminho, você estará um passo mais próximo de seu destino."
Johnny De' Carli

91

PENSAMENTO OCASIONAL

"Muitas são as gotas de orvalho
sobre os cravos do jardim.
Se não tirá-las, as flores poderão
dobrar-se em direções imprevisíveis."

Imperador Meiji

"A união faz a força perante as adversidades."
Johnny De' Carli

Mensagem Oracular

A mensagem sugere que o consulente poderá vir a ter que socorrer algum jovem membro de sua família, vítima de problemas emocionais, a fim de auxiliar que o mesmo não tome um caminho que possa gerar sofrimento.

Não é raro depararmo-nos com jovens que trilham rumos que geram arrependimento ao se envolverem com álcool e outras drogas, gravidez precoce, prostituição, atividades ilícitas, contaminação com doenças sexualmente transmissíveis, depressão, síndrome do pânico, suicídio, etc.

Nas horas mais difíceis, de maior sofrimento, é importante ajudar os familiares que, de alguma forma, necessitam de nós, principalmente os jovens que se encontram em formação, em busca de seu próprio caminho. Pitágoras disse: *"Ajuda o teu semelhante a levantar a carga, mas não a levá-la."*

O Mestre Mikao Usui seguramente selecionou esse poema fazendo a comparação dos jovens familiares com os receptores de Reiki e discípulos do Mestre de Reiki, procurando demonstrar que é preciso ajudar o próximo. Não existe exercício melhor para o coração do que se inclinar e levantar pessoas. Diz o dito popular: *"temos duas mãos, uma para ajudar a si mesmo e outra pra ajudar os outros".*

Reflita sobre as palavras de Albert Schweitzer:

"A quem o sofrimento pessoal é poupado, deve sentir-se chamado a diminuir o sofrimento dos outros."

"Desenvolva o sublime hábito de levantar as pessoas e não de derrubá-las."
Johnny De' Carli

92

PEDRA PRECIOSA

"Uma pedra preciosa,
entre tantas, escolhida,
tem sempre uma impureza ou outra.
Isso está na natureza do mundo."

Imperador Meiji

"O pior de todos os defeitos é não termos consciência deles."
JOHNNY DE' CARLI

Mensagem Oracular

A mensagem sugere que o consulente não julgue e busque perdoar os defeitos alheios. Defeitos são coisas que todos nós temos, não existe ninguém perfeito.

Um amigo é um presente que você dá a si mesmo, um irmão que você escolhe. Entretanto, não pode ir longe a amizade se não há disposição para perdoar os pequenos defeitos dos amigos. O perdão é o combustível do convívio. As amizades devem ser cultivadas. Para construirmos verdadeiras amizades, devemos estar preparados para ceder nossos pontos de vista em algumas situações. Acredite, todos têm mais virtudes do que defeitos.

Todos no mundo têm arestas a serem lapidadas, se uma pessoa fosse perfeita, seria Deus. O Mestre Jesus disse: *"O que está puro entre vós atire a primeira pedra"* (João 8: 7).

O Mestre Mikao Usui certamente selecionou esse poema para deixar claro que não há Reikianos, nem Mestres de Reiki perfeitos. Ele seguramente também selecionou esse poema em respeito ao Princípio do Reiki *"Só por hoje, seja gentil com todas as criaturas vivas"*. Ser gentil com os outros implica também saber perdoar os defeitos alheios e nunca julgar.

Reflita sobre as palavras de Agostinho Silva:

> *"Não há homens perfeitos; há, quando muito,*
> *homens que querem ser perfeitos."*

> *"O perdão é o alimento da convivência interpessoal."*
> Johnny De' Carli

93

CORAÇÃO DOS PAIS

"É da natureza dos pais,
quando olham para seus filhos,
os verem como pequenos,
embora já crescidos e independentes."

Imperador Meiji

"Qualquer exagero é extremamente prejudicial ao ser humano, sem exceção."

Johnny De' Carli

Mensagem Oracular

A mensagem sugere que o consulente aceite que os filhos, ou demais jovens de sua família, não podem ser tratados como crianças a vida toda.

Na visão dos pais, os filhos nunca crescem, serão sempre pequenos, frágeis e inocentes, não importando a idade. Por isso, não é incomum os pais se referirem aos filhos como "minhas crianças" e, inclusive, tratá-los como crianças. Observa-se que os pais geralmente querem resolver os problemas dos filhos, pois acreditam que dessa maneira os protegem. Para os pais, não importa quanto tempo passe, seus filhos serão fonte de eterna preocupação e dedicação, como se fossem menores. Essa é a essência do amor dos pais, que não envelhece.

O Mestre Mikao Usui seguramente selecionou esse poema associando o comportamento dos pais ao observado nos Mestres de Reiki: verem seus discípulos como eternos aprendizes. Ele com certeza também selecionou esse poema em função da linhagem espiritual que se estabelece no Reiki. O discípulo sempre permanecerá discípulo de seu Mestre, mesmo que venha a refazer o curso com outro Mestre. Não há como desfazer uma iniciação, o vínculo será para toda a vida, apesar de prevalecer a última iniciação. No mundo material, quando uma coisa acontece não há como "desacontecer."

Reflita sobre as palavras do bondoso Mestre Jesus:

"O discípulo não está acima do seu Mestre"
(Lucas 6, 40 e Mateus 10, 24-25).

"O tempo passado com seus filhos e netos nunca é desperdiçado."
Johnny De' Carli

94

PAIS

"Mesmo seguindo o teu próprio caminho, não esqueças o que teus pais te deram."

Imperador Meiji

"Onde quer que estejamos, são a nossa família e os nossos amigos que constituem o nosso mundo."

Johnny De' Carli

Mensagem Oracular

A mensagem sugere que o consulente tenha sempre gratidão aos seus pais, mesmo depois de já estar vivendo com autonomia ou independência financeira.

Tenhamos sempre gratidão aos nossos pais, seres aos quais seremos eternos devedores, eles fazem parte de nós. Devemos saber conciliar e sempre separar um tempo para destinar a eles.

Devemos seguir o nosso caminho, mas sem esquecer as nossas origens; nossas raízes são muito importantes. Se esquecermos de nossos pais, esqueceremos quem somos. O primeiro dever de um filho para com seus pais é o de amá-los, o amor se demonstra com obras, cuidar de quem nos deu a vida, cuidar como eles cuidaram de nós, esse ato de amor está de acordo com o lado positivo da Lei do Retorno. É preciso dar-lhes satisfações e alegrias e ajudá-los segundo as nossas possibilidades, cuidar do que eles precisam, sobretudo se estão enfermos ou são anciãos. Aqueles que nos deram tanto de si, necessitam de nós exatamente quando amadurecemos e eles envelhecem.

O Mestre Mikao Usui seguramente selecionou esse poema em respeito ao Princípio do Reiki *"Só por hoje, expresse sua gratidão"*, para que tenhamos sempre gratidão aos nossos pais. Ele certamente também associou a relação dos filhos para com seus pais à relação dos discípulos para com seus Mestres de Reiki.

Reflita sobre as palavras de Albert Einstein:

"A única coisa que interfere com meu aprendizado é a minha educação."

"Nunca destrua uma ponte após atravessá-la; você poderá ter que atravessar o mesmo rio."
JOHNNY DE' CARLI

> *"Devemos nos abrir às mudanças. O ser humano é dotado do livre-arbítrio ou da capacidade de tomar decisões por sua própria conta e risco. As escolhas são nossas."*
>
> Johnny De' Carli

Mensagem Oracular

A mensagem sugere que o consulente esteja receptivo às mudanças, reciclando pensamentos e crenças, visando a angariar novas energias que venham fortalecê-lo e alimentá-lo espiritualmente.

A montanha é o que, na terra, mais se aproxima do céu, representa, pois, algo humano que se acerca do Divino, é um símbolo universal do estar mais perto de Deus, da elevação espiritual. Da mesma forma, o ouro, metaforicamente, pode simbolizar coisas de procedência Divina.

O Mestre Mikao Usui sabia que o ser humano é dotado do livre arbítrio ou da capacidade de tomar decisões por sua própria conta e risco.

Não se pode iniciar uma pessoa no Reiki se essa não estiver aberta e receptiva a uma nova filosofia espiritual de vida. As escolhas são nossas.

Reflita sobre as palavras de Albert Einstein:

"Triste época! É mais fácil desintegrar um átomo do que um preconceito."

"Se você acredita que deve continuar a ser do jeito que sempre foi, está, na verdade, contestando seu crescimento."
Johnny De' Carli

96

PENSAMENTO OCASIONAL

"Mesmo que caminhes por uma rua larga e grande, tem cuidado. O mundo está cheio de obstáculos."

Imperador Meiji

"Quando se objetiva o topo de uma montanha, não se dá importância aos obstáculos encontrados na trilha."

Johnny De' Carli

Mensagem Oracular

A mensagem recomenda que o consulente seja mais prudente e prevenido. Há necessidade de ser cauteloso e precavido em qualquer situação, mesmo nos momentos tranquilos. Nunca se esqueça, a vida está repleta de perigos, armadilhas, problemas e barreiras.

Todos os dias, em todos os lugares onde estivermos, sempre haverá situações desagradáveis para vivenciar, obstáculos e dificuldades que encontraremos em nossa caminhada, que teremos de contornar para atingir o nosso objetivo. As pessoas prudentes raramente tropeçam. A prevenção fortalece, por isso, diz-se que *"o homem prevenido vale por dois"*.

O Mestre Mikao Usui seguramente selecionou esse poema a fim de alertar que o Reiki é também um método preventivo, destinado inclusive para as pessoas saudáveis. É sempre melhor prevenir doenças, que remediar.

Reflita sobre as palavras de Albert Einstein:

"Uma pessoa inteligente resolve o problema,
um sábio o previne."

"Os melhores tratamentos são os preventivos.
É sempre melhor prevenir do que depois querer corrigir."
JOHNNY DE' CARLI

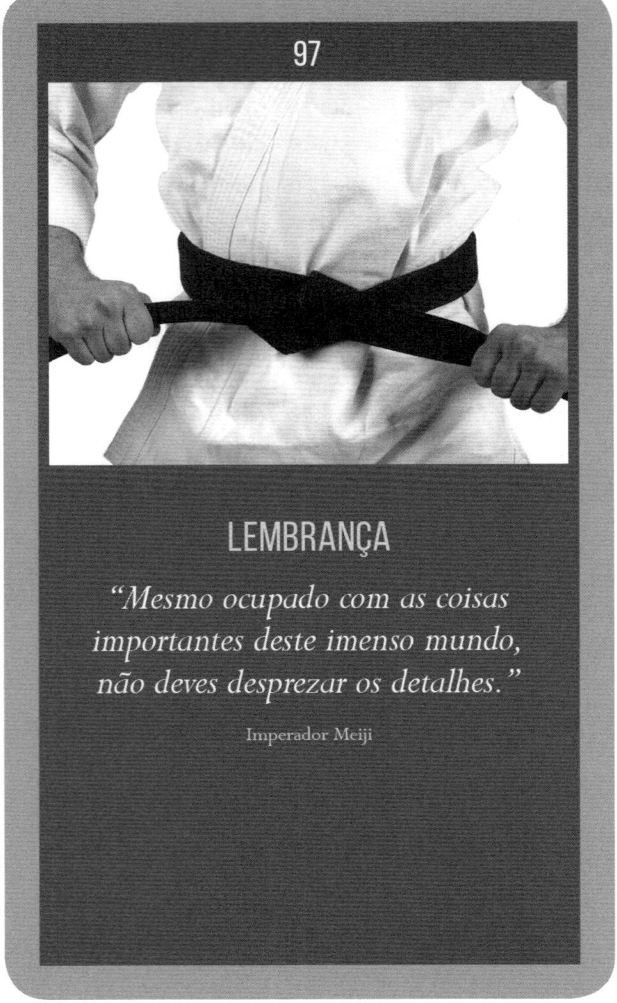

"Todas as pessoas que fizeram e fazem a diferença no mundo, cuidaram das minúcias. Se não dermos importância aos detalhes, também não teremos êxito nas grandes coisas."

Johnny De' Carli

Mensagem Oracular

A mensagem recomenda que o consulente não ignore as coisas teoricamente de pouca importância, pormenores, minúcias ou elementos considerados individualmente em relação a um todo. Se não dermos importância aos detalhes, também não teremos êxito no mais abrangente, pois as coisas grandiosas são compostas pelas pequeninas.

O Mestre Mikao Usui seguramente selecionou esse poema em respeito ao Princípio do Reiki *"Só por hoje, seja gentil com todas as criaturas vivas"*. É inegável que a vida se torna mais leve quando somos tratados com pequenos gestos de gentileza, cortesia e atenção. Um olhar de ternura, uma resposta gentil, um pequeno favor e a atenção aos que são desprezados pela maioria são qualidades das pessoas de bem. Ainda que possam parecer insignificantes, as ações benevolentes provocam um efeito semelhante ao que ocorre quando jogamos uma pedra numa lagoa; pequenas ondas surgem e vão se espalhando pela superfície da mesma. Assim, também os pequenos gestos gentis provocam ondas no caráter de quem os recebe. Essas atitudes têm um grande poder de transformação, pois quem as experimenta deixa-se penetrar pelas vibrações agradáveis e tende a repeti-las com as outras pessoas.

Reflita sobre as palavras de Pedro Lomba:

"A cultura está nos detalhes."

"Quem faz as tarefas com amor, as faz melhor."
Johnny De' Carli

"Devemos sempre racionalizar, evitar tomar decisões motivadas pelas emoções. Procuremos ter lucidez e discernimento na forma de avaliar as pessoas e os fatos na nossa vida."

JOHNNY DE' CARLI

Mensagem Oracular

A mensagem sugere que o consulente seja mais racional, evitando tomar decisões motivadas pelas emoções. Quando cultivamos a razão, diminuímos os males.

O homem é um animal racional. A razão é a função usada para o raciocínio, para pensar, sem a ação das emoções; é uma faculdade que permite o processo para se chegar às conclusões.

Procuremos ter lucidez e discernimento na forma de avaliar as pessoas e os fatos na nossa vida. Podemos vir a pagar muito caro pelos nossos atos infelizes. Muitas vezes, motivados por emoções passageiras (paixões, promessas, entusiasmo, etc.) tomamos decisões que podem ter consequências desastrosas e até comprometer a nossa existência.

O Mestre Mikao Usui, com certeza, queria nos alertar que, principalmente, na escolha de nosso Mestre de Reiki, deveríamos ser cautelosos.

Reflita sobre as palavras de Dante Alighieri:

"A razão vos é dada para discernir o bem do mal."

"A razão nos aponta o que se deve fazer ou evitar."
JOHNNY DE' CARLI

99

ANCIÃOS

"Não te queixes,
só porque envelheceste.
É possível conviver dignamente
com a velhice!"

Imperador Meiji

"Decida-se a ser saudável; acorde toda manhã com gratidão e não permita qualquer pensamento de doença. Nunca!"
JOHNNY DE' CARLI

Mensagem Oracular

A mensagem sugere que o consulente aprenda, ou ajude alguém de sua convivência, a envelhecer com sabedoria.

Podemos viver uma terceira idade de forma honrada e feliz. A velhice é uma etapa importante da vida, só precisamos aprender a conviver com ela. A pessoa idosa deve procurar ocupar o seu tempo da melhor maneira possível, desenvolvendo suas atividades e seus talentos, direcionando e concentrando sua energia para afazeres que tenham um verdadeiro valor, dedicando o tempo não só a um trabalho, por mais singelo que seja, como também à família, ao estudo, ao esporte, à boa leitura, às atividades filantrópicas, às atividades religiosas, aos amigos e ao lazer.

O Mestre Mikao Usui seguramente selecionou esse poema em respeito ao Princípio do Reiki *"Só por hoje, expresse sua gratidão"*. É impossível viver se queixando e em gratidão simultaneamente. Devemos deixar de reclamar e passar a agradecer para que as coisas mudem positivamente na vida. Quem convive bem com a velhice mostra ter maturidade espiritual e humildade diante das leis de Deus.

O Mestre Usui com certeza também queria nos alertar que o ensino e a aplicação de Reiki é uma excelente forma dos idosos ocuparem o seu tempo de forma produtiva, vivendo dignamente na terceira idade.

Reflita sobre as palavras de Henri Amiel:

"Saber envelhecer é a grande sabedoria da vida."

"Pode-se influenciar o tempo de vida em função de atitudes e fatores físicos, como a alimentação, o repouso, a atividade física, a prudência, a prevenção, etc."

JOHNNY DE' CARLI

100

CHEFE DE FAMÍLIA

*"A família prospera,
quando o chefe de família está firme,
com os pés enraizados como
a viga principal da casa."*

Imperador Meiji

*"É bem melhor viver norteado por hábitos que por regras.
Os hábitos não são impostos para você segui-los;
você não precisa conservá-los, eles conservam você."*

Johnny De' Carli

Mensagem Oracular

A mensagem sugere que o consulente conserve-se equilibrado, constante, perseverante e fiel aos bons princípios. Caso o consulente não seja o provedor de seu grupo, que apoie o mesmo para que não vacile, a fim de que todos melhorem de condição e progridam.

Quando o líder de pessoas com os mesmos ideais, seja um lar, uma organização, uma entidade, um casamento, uma sociedade comercial ou um trabalho em equipe, é estável, as pessoas todas se desenvolvem e enriquecem.

O Mestre Mikao Usui seguramente selecionou esse poema a fim de recomendar aos Mestres de Reiki conservarem-se fiéis aos 5 Princípios do Reiki. Não existe meio mais certo e eficaz para um Mestre de Reiki exercer influência direta sobre os seus discípulos do que o bom exemplo, o exemplo é sempre mais eficaz do que o preceito.

Reflita sobre as palavras de Ralph Emerson:

"Os homens de caráter firme são as colunas mestras da sociedade a que pertencem."

"Conserve-se fiel aos bons princípios. Não existe meio mais certo e eficaz para exercer influência direta sobre os seus do que o bom exemplo."
JOHNNY DE' CARLI

101

LEMBRANÇA

"Conduzo o país de tal maneira que seja visto como bom. Faço o meu melhor, usando minhas capacidades ao máximo."

Imperador Meiji

"Desenvolver e preservar uma boa imagem são compromissos de todos, no trabalho e nas relações sociais. Seja dedicado em suas atividades. Uma boa reputação é indiscutivelmente um valioso patrimônio."

Johnny De' Carli

Mensagem Oracular

A mensagem sugere que o consulente administre a própria vida, sua casa, sua entidade ou seu trabalho, da forma mais dedicada, séria e profissional possível, a fim de criar e preservar uma boa imagem, de uma pessoa bem intencionada.

Somente a pessoa empenhada em trilhar o caminho do profissionalismo, da competência e da integridade gozará de um bom conceito por parte da sociedade em que vive.

O Mestre Mikao Usui seguramente selecionou esse poema em respeito ao Princípio do Reiki *"Só por hoje, faça seu trabalho com amor e honestamente"*, pois ele certamente incentivava os Reikianos a serem competentes e dedicados em suas atividades. Uma boa reputação é indiscutivelmente um valioso patrimônio que um Reikiano ou uma escola de Reiki pode possuir. Os Mestres de Reiki com esse atributo são mais atraentes para pessoas interessadas em aprender Reiki ou fazer parcerias.

Consta no memorial a Mikao Usui, situado em Tóquio:

"...Como sua **reputação** (o grifo é nosso) *aumentava bastante, com frequência recebia convites vindos de todos os lugares do país. Atendendo a esses pedidos, viajou para Kure e Hiroshima..."*

Reflita sobre as palavras de Públio Siro:

"A boa reputação é um segundo patrimônio."

"Lembre-se: você não tem duas oportunidades de causar uma boa primeira impressão."
JOHNNY DE' CARLI

102

MESTRES

"Mesmo quando chegues a ser especialista em uma área qualquer, não esqueças o que te foi ensinado pelos teus Mestres."

Imperador Meiji

"As árvores mais imponentes já foram humildes sementes."
JOHNNY DE' CARLI

Mensagem Oracular

A mensagem sugere que o consulente nutra sempre muita gratidão aos seus Mestres, principalmente, quando passar a ocupar uma situação de destaque profissional.

Devemos nos manter humildes ao longo de toda a vida, mesmo estando realizados intelectualmente, tendo gratidão aos nossos Mestres, afinal, eles contribuíram para a nossa bagagem profissional. Não devemos esquecer as nossas raízes intelectuais, elas são muito importantes.

O Mestre Mikao Usui seguramente selecionou esse poema em respeito ao Princípio do Reiki *"Só por hoje, expresse sua gratidão"*, para que tenhamos sempre gratidão aos nossos Mestres de Reiki, bem como ao Princípio do Reiki *"Só por hoje, seja gentil com todas as criaturas vivas."* Gentileza e humildade andam de braços dados. É possível encontrarmos Mestres de Reiki que se aprofundam muito no assunto e acabam perdendo a humildade, passam a se sentir superiores e melhores que os seus Mestres. O Mestre Usui certamente desejava evitar esse comportamento no Reiki, não permitindo que o orgulho se manifestasse. Usui sabia que a humildade é a base e o fundamento de todas as virtudes. O orgulho divide as pessoas, a humildade une. Reiki é amor, onde houver humildade definitivamente haverá amor.

Reflita sobre as palavras que William Shakespeare disse:

"A gratidão é o único tesouro dos humildes."

"O orgulho divide as pessoas, a humildade une-as."
JOHNNY DE' CARLI

103

JORNAL

"Tantas pessoas leem o jornal. Por isso, se deveria escrever só sobre o que é significativo e não, sobre o supérfluo."

Imperador Meiji

"Não faça mal uso de seu limitado tempo, ocupe-o evoluindo, desenvolvendo suas atividades e seu talento."

Johnny De' Carli

Mensagem Oracular

A mensagem sugere que o consulente, fazendo uso dos meios de comunicação, direcione o seu tempo em leituras e visualizações que tenham um verdadeiro valor. Perder tempo com informações supérfluas é desperdiçar a vida.

Os meios de comunicação em massa não deveriam ocupar-se de coisas fúteis, pelo fato de consumir o precioso tempo das pessoas. O Imperador era um sábio e aquele que mais sabe, mais lamenta por tempo perdido. Perder tempo desagrada mais a quem conhece o seu valor.

Na Era Meiji, os jornais eram o principal veículo de transmissão das informações, tinham grande capacidade de influência. O rádio só surgiu por volta de 1920, oito anos após a morte do Imperador Meiji.

O Mestre Mikao Usui certamente queria recomendar que direcionássemos a nossa energia em leituras de real valor. O tempo perdido não se recupera e certamente fará falta.

Reflita sobre as palavras de Luis Fernando Veríssimo:

"Às vezes, a única coisa verdadeira num jornal é a data."

"Torne-se um especialista na administração do seu tempo. Não há como recuperar o tempo perdido."
JOHNNY DE' CARLI

104

ÁGUA

"Que pena! Mesmo quando a fonte é clara e pura, a água se suja ao encontrar um riacho poluído."

Imperador Meiji

"As crianças ensinam três coisas muito importantes para os adultos: a sinceridade, a simplicidade e a autenticidade. Aprenda com as crianças."

Johnny De' Carli

Mensagem Oracular

A mensagem sugere que o consulente reaprenda com as crianças e se comporte como elas. As crianças ensinam três coisas muito importantes para os adultos: a sinceridade, a simplicidade e a autenticidade. O amor delas é universal, sorriem e fazem amizades em um instante e respeitam as diferenças entre as pessoas. As crianças perdoam com muita facilidade, não guardam mágoas e rancores como os adultos.

O ser humano, com o tempo, lamentavelmente, perde a pureza e a inocência da infância e desenvolve a malícia.

O Mestre Mikao Usui seguramente desejava que os Reikianos aprendessem com as crianças e se comportassem como elas. As crianças estão ligadas a Deus pela pureza de seus corações, têm uma aura de luz em torno de si, vivem em harmonia espiritual.

Reflita sobre as palavras do bondoso Mestre Jesus:

"Quem não receber o Reino de Deus como uma criança, nunca entrará nele" (Lucas 18, 15-17).

"Não há como todos serem famosos,
mas há como todos serem bons."
JOHNNY DE' CARLI

105

VACA

"A vaca não tropeça
porque não se apressa,
inclusive quando a carroça leva
mais peso do que ela pode suportar."

Imperador Meiji

"Muitos vão muito rápido, mas não chegam a lugar nenhum."
Johnny De' Carli

Mensagem Oracular

A mensagem sugere que o consulente, mesmo acumulando muitas responsabilidades e trabalho, não tente correr ou antecipar os fatos, tudo acontece no seu devido tempo. Devagar se vai ao longe.

O Mestre Mikao Usui certamente queria nos alertar para não termos pressa em aprender o Reiki, percebendo bem cada etapa dos diferentes Níveis *(Shoden, Okuden* e *Shinpiden)*, de forma paciente e tranquila. Estar no caminho do Reiki é mais importante do que a pressa. O aprendizado do Reiki obedece a um ritmo que deve ser respeitado, não adianta querer se apressar. Mesmo no Reiki, é necessário aprender a aprender. Nas coisas espirituais, só aquilo que demora nos inicia. Não podemos pular etapas, precisamos de cada uma delas, mesmo aquelas que achamos de menor valor no momento. A pressa impede-nos de ver e viver certas realidades, pequenos detalhes da vida, das pessoas. Ter uma atitude paciente, sem pressa, significa colocar mais atenção no que se faz, assim aprendemos mais e erramos menos. Às vezes, em um pequeno detalhe há uma preciosa lição. A pressa é a grande inimiga da perfeição e do aprofundamento. Com ela, corremos o risco de ficarmos na superfície e não encontrarmos o verdadeiro conhecimento. Quando o crescimento chega, percebemos o valor de cada estágio, entendemos que tudo teve um propósito.

Reflita sobre as palavras de Henry Thoreau:

"Nada é tão útil ao homem como a resolução de não ter pressa."

"Alcançamos mais facilmente o que queremos e pedimos, sem manifestar pressa em alcançá-lo."
Johnny De' Carli

106

JOIA

"Quando não te envergonhares diante de Deus, a quem não podes ver, mas que te conhece por inteiro, é porque tua alma está pura e reta. Quisera que todos tivessem uma alma assim!"

Imperador Meiji

"Karma não é vingança; a vingança não espera a vítima crescer, nem se preocupa com sua melhoria."

JOHNNY DE' CARLI

Mensagem Oracular

A mensagem sugere que o consulente busque permanentemente não gerar mais *karma*, cultivando os bons costumes, procurando ser uma pessoa altruísta, de grande valor moral, de caráter ilibado, no pensar, no sentir, no falar e no agir, cuja honra não possa ser questionada.

Ser altruísta é não ser egoísta. No Budismo, o altruísmo é considerado o caminho que nos leva ao *Satori* (Iluminação ou *Nirvana*).

O Mestre Mikao Usui dizia que o Reiki é um caminho seguro de evolução espiritual, funciona como um farol que nos leva de volta à Grande Luz.

Segue uma pergunta, contida na única entrevista concedida pelo Mestre Usui, que explica bem o porquê da escolha desse poema:

Entrevistador: *A "Usui Reiki Ryoho"* (técnica terapêutica Reiki Usui) *trata somente problemas de saúde?*

Mikao Usui: *...Com a energia do método Reiki,* ***o coração se torna semelhante a Deus ou Buda*** (o grifo é nosso), *trazendo felicidade para si mesmo e para terceiros.*

Reflita sobre as palavras da seguinte citação Bíblica:

"Procura apresentar-te a Deus aprovado, como obreiro que não tem de que se envergonhar, que maneja bem a palavra da verdade" (II Timóteo 2, 15).

"Cada ser humano é responsável pela sua própria evolução, esta é a base da Lei do Livre-Arbítrio."
Johnny De' Carli

107

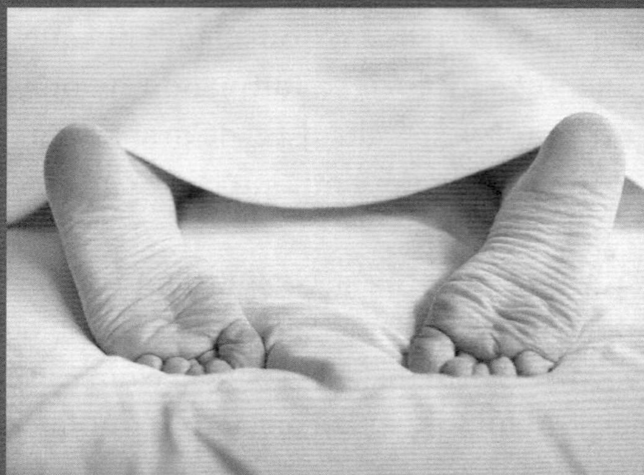

PENSAMENTO OCASIONAL

"Não te queixes, quando as coisas não andam como foram planejadas. Examina tua própria preguiça."

Imperador Meiji

"Reserve tempo para trabalhar, esta é a chave do êxito."
JOHNNY DE' CARLI

Mensagem Oracular

A mensagem sugere que o consulente não lamente por não ter a qualidade de vida desejada, que pondere sobre a sua aversão ou pouca disposição para estudar ou trabalhar e considere as oportunidades mal aproveitadas, surgidas em seu passado.

O estudo e o trabalho são a fonte de toda a riqueza, afastam de nós a necessidade, sendo que a preguiça é a maior inimiga do estudo e do trabalho. O caminho dos preguiçosos é cheio de dificuldades.

O Mestre Mikao Usui seguramente selecionou esse poema em respeito aos Princípios do Reiki *"Só por hoje, faça seu trabalho com amor e honestamente"* e *"Só por hoje, expresse sua gratidão."* Quando vencemos a preguiça, damos o primeiro passo rumo ao trabalho produtivo e é impossível viver reclamando e em gratidão simultaneamente.

Reflita sobre as palavras de François Rabelais:

"Conheço muitos que não puderam quando queriam, porque não quiseram quando podiam."

"Nós criamos a realidade que atraímos para a nossa vida a todo o instante."
JOHNNY DE' CARLI

108

AMIGOS

"A força mais valiosa deste mundo
é a estreita amizade,
na qual nos apoiamos."

Imperador Meiji

"Um verdadeiro amigo pode tornar a nossa vida mais rica."

Johnny De' Carli

Mensagem Oracular

A mensagem sugere que o consulente procure participar de um grupo onde haja um verdadeiro espírito de equipe. Nossa capacidade de solucionar problemas e superar dificuldades se fortalece quando contamos com a ajuda de um grupo unido. O trabalho em equipe reúne forças e experiência. As ações individuais são essenciais, porém na maior parte das vezes é necessário mais do que isso para se conseguir grandes resultados. As brasas juntas aquecem mais.

A vida em sociedade fica melhor se entendermos que dependemos uns dos outros para viver bem. As pessoas quando unidas se fortalecem. A união de um grupo de pessoas, leais entre si, aliadas e que tenham objetivos em comum, pode tornar suas vidas mais fáceis e prósperas.

O Mestre Mikao Usui seguramente selecionou esse poema em função de muitas das técnicas originais do Reiki Japonês serem coletivas, não é hábito no Japão os Reikianos trabalharem isolados. Ocorre que não é fácil montar um grupo onde predomine um verdadeiro espírito de equipe. Lamentavelmente, a quase totalidade das pessoas é individualista, o que dificulta o trabalho em grupo.

Reflita sobre as palavras do dito popular:

"A união faz a força."

"Quando uma pessoa é boa amiga, também tem amigos bons."
JOHNNY DE' CARLI

109

VELHO PINHEIRO

*"Pinheiro centenário no jardim:
quero auxiliar-te a viver longamente,
dando-te toda a minha ajuda."*

Imperador Meiji

*"Faça sempre o melhor que puder,
dentro de suas possibilidades, onde quer que esteja."*

JOHNNY DE' CARLI

Mensagem Oracular

A mensagem sugere que o consulente faça tudo o que esteja ao seu alcance para aumentar a expectativa e a qualidade de vida das pessoas com mais idade de sua família, principalmente por gratidão. É preciso dar-lhes satisfações e alegrias, cuidar do que elas precisam segundo as nossas possibilidades, sobretudo, se estão enfermas. Nesse momento, é nosso papel ajudá-las a viver e a enfrentar a velhice, mantendo-nos presentes, demonstrando carinho, companheirismo, gratidão; devemos amá-las incondicionalmente e respeitá-las até o fim de seus dias, independente de erros e acertos.

O primeiro dever de um filho para com seus pais e avós é o de amá-los, o amor se demonstra com obras: tratar de quem nos deu a vida, cuidar como eles cuidaram de nós, esse ato de amor está de acordo com o lado positivo da Lei do Retorno. Tenhamos sempre gratidão aos nossos parentes mais velhos, seres aos quais seremos eternos devedores, eles fazem parte de nós. A maior "doença" do idoso muitas vezes é a solidão.

O Mestre Mikao Usui seguramente selecionou esse poema em respeito ao Princípio do Reiki *"Só por hoje, expresse sua gratidão"*. Ele sabia que o Reiki pode contribuir muito no aumento da expectativa e da qualidade de vida das pessoas idosas.

Reflita sobre as palavras de Antístenes:

"A gratidão é a memória do coração."

"Ao final da jornada, leva-se apenas aquilo que a pessoa tiver dado desinteressadamente."
JOHNNY DE' CARLI

110

CAMPONESES

"Os aldeões que cuidam
de seus arrozais nas montanhas
não têm paz entre a semeadura
e o tempo da colheita."

Imperador Meiji

"Quando iniciar uma tarefa importante, termine-a."
JOHNNY DE' CARLI

Mensagem Oracular

A mensagem sugere que o consulente, quando começar um novo projeto ou um trabalho importante, não perca a motivação até que finalize o processo ou atinja o seu objetivo.

Não podemos relaxar ou perder o entusiasmo até a conclusão de uma importante atividade iniciada. Se for para não acabar determinadas coisas, é melhor nem começá-las.

O Mestre Mikao Usui seguramente selecionou esse poema em respeito ao Princípio do Reiki *"Só por hoje, faça seu trabalho com amor e honestamente"*. Ele certamente incentivava os Reikianos a concluir bem todas as tarefas importantes iniciadas e responsabilidades assumidas. Geralmente, não acabar algo é o mesmo que não fazer, afinal, é no fim que tudo termina.

Reflita sobre as palavras de um provérbio português:

"Nem sempre quem começa acaba."

"Não é nada prudente e produtivo iniciar muitas atividades e não terminar nenhuma."
Johnny De' Carli

111

PINHEIRO

"Aquele pinheiro, que com paciência cresceu entre a neve e a tempestade, me parece o mais valioso."

Imperador Meiji

"É impossível uma grande conquista sem antes obter pequenas conquistas sobre si próprio."

JOHNNY DE' CARLI

Mensagem Oracular

A mensagem sugere que o consulente enfrente com resignação as diferentes dificuldades que se apresentam em sua vida. Nada nos engrandece mais do que o sofrimento. A dificuldade é um severo instrutor. São as dificuldades que revelam as pessoas.

O Mestre Mikao Usui sabia que aprendemos e crescemos pelo amor ou pela dor. Infelizmente, o caminho da dor aparece com maior frequência.

Ele seguramente tinha elevada maturidade espiritual, em função de todo o sofrimento de sua vida. O sofrimento é um grande "remédio" para acordar o espírito.

Vale, mais uma vez, lembrar parte da informação talhada na pedra do seu memorial, em Tóquio:

"... O Sr. Usui nasceu em 15 de agosto de 1865. Educou-se em meio às ***dificuldades de sua infância*** (o grifo é nosso)*. Estudou com afinco e bastante esforço. Suas habilidades sempre foram muito superiores às de seus amigos.*

Depois de crescido, foi para Europa e América (USA) *e também estudou na China. Apesar de seu talento, nem sempre foi bem sucedido na vida. Embora compelido a levar uma vida infeliz e pobre, amiúde tinha de redobrar esforços para fortalecer corpo e mente sem esmorecer ante as* ***dificuldades*** (o grifo é nosso)*,...".*

Reflita sobre as palavras de Alfred de Musset:

"O homem é um aprendiz, a dor a sua mestra."

> *"As dificuldades para subir uma montanha*
> *são recompensadas pela vista que se enxerga do topo."*
> Johnny De' Carli

112

PAÍS

"Continuai com o que é bom e afastai-vos do mal. Façamos este país tão bom quanto os demais."

Imperador Meiji

"O primeiro estágio para ser uma pessoa do bem é a decisão firme de não ser uma pessoa do mal."

Johnny De' Carli

Mensagem Oracular

A mensagem sugere que o consulente busque preservar seus bons hábitos e eliminar os maus, a fim de contribuir para a construção de uma família, de um trabalho e, consequentemente, de um todo melhor.

Evoluir é tornar-se melhor, ocorre que ninguém melhora sem mudança de costumes.

O Mestre Mikao Usui seguramente selecionou esse poema em respeito ao Princípio do Reiki *"Só por hoje, faça seu trabalho com amor e honestamente"*.

Mais uma vez, lembraremos parte do texto do manual com o título de "*Reiki Ryoho Hikkei*" que era entregue aos alunos do Mestre Mikao Usui, quando lecionava. O manual contém uma entrevista com o próprio Usui. Segue uma pergunta que explica bem o porquê da escolha desse poema:

Entrevistador: *A "Usui Reiki Ryoho"* (técnica terapêutica Reiki Usui) *trata somente problemas de saúde?*

Mikao Usui: *Não somente problemas de saúde.* ***Pode também corrigir maus hábitos*** (o grifo é nosso)...

Reflita sobre as palavras do Mestre Dalai Lama:

"Se você quer transformar o mundo, experimente primeiro promover o seu aperfeiçoamento pessoal e realizar inovações no seu próprio interior. Essas atitudes refletir-se-ão em mudanças positivas no seu ambiente familiar. Deste ponto em diante, as mudanças expandir-se-ão em proporções cada vez maiores."

"É possível desenvolver um bom hábito de vida, incorporando-o, sempre que possível, à sua rotina."
JOHNNY DE' CARLI

113

PENSAMENTO OCASIONAL

"Ainda que venhas a ser conhecido neste mundo, permanece sendo uma pessoa humilde."

Imperador Meiji

"A humildade é a base e o fundamento de todas as virtudes. Precisamos ser humildes ao longo de toda a vida, oferecendo sempre o que há de melhor em nós. Onde houver humildade definitivamente haverá amor."

Johnny De' Carli

Mensagem Oracular

A mensagem sugere que o consulente, mesmo alcançando a fama, realizado profissional e financeiramente, mantenha-se humilde ao longo de toda a vida, oferecendo sempre o seu melhor.

A boa reputação e o reconhecimento atraem e fascinam, mas infelizmente mudam e corrompem os fracos e sem personalidade, ao permitirem que a arrogância e o orgulho se manifestem.

O Mestre Mikao Usui seguramente selecionou esse poema em respeito ao Princípio do Reiki *"Só por hoje, seja gentil com todas as criaturas vivas"*. É possível encontrarmos pessoas que recebem iniciações no Nível de Mestrado e adquirem renome, tornam-se conhecidas, respeitadas, mas lamentavelmente mudam e perdem a humildade; passam a se sentir superiores e melhores que as demais. Observam-se mudanças no modo de vestir, nas relações pessoais, nas antigas amizades, na maneira de tratar os outros, muitos se tornam autoritários com os seus subordinados, muitas vezes com gritos e ameaças num novo estilo arrogante de ser. O Mestre Usui seguramente desejava evitar esse comportamento no Reiki, afinal, somos todos semelhantes. Ele sabia que a humildade é a base e o fundamento de todas as virtudes. Reiki é amor, onde houver humildade definitivamente haverá amor.

Reflita sobre as palavras de Rabindranath Tagore:

"Quanto maiores somos em humildade,
tanto mais próximos estamos da grandeza."

"Caso queira conhecer verdadeiramente
uma pessoa, dê-lhe poder."
JOHNNY DE CARLI

114

CARACOL

"Para ver o que acontece fora, o caracol sai de sua concha."

Imperador Meiji

"O obstáculo maior do ser humano é o medo. Não devemos nos preocupar demasiadamente em correr riscos."

Johnny De' Carli

Mensagem Oracular

A mensagem sugere que o consulente não se preocupe demasiadamente em correr riscos. O excesso de prudência é uma atitude que pode manter a vida bem segura, mas com frequência não a faz feliz. O medo pode gerar reclusão em demasia, que nos paralisa, imobiliza e nos impede de viver em plenitude.

Há pessoas que têm sempre a necessidade de estar em casa, sempre encontram um meio para nela se retrair, construindo assim um mundo onde se refugiam para escapar da realidade, vivendo em fuga permanente e isolando-se num mundo particular. Ocorre que, mesmo uma pessoa insegura, introvertida, retraída e medrosa, obrigatoriamente, por necessidade, vez ou outra, também precisará sair da segurança de seu abrigo, da proteção de seu "porto seguro".

O Mestre Mikao Usui seguramente selecionou esse poema em respeito ao Princípio do Reiki *"Só por hoje, não se preocupe."* O obstáculo maior do ser humano é o medo. A vida é ação, é vencer desafios assumindo as consequências.

Reflita sobre as palavras de Edmund Burke:

"Nenhuma paixão pode, como o medo, tão efetivamente roubar o espírito da capacidade de agir e pensar."

"Nem todo problema pode ser solucionado, mas nenhum problema pode ser solucionado até que seja confrontado."
JOHNNY DE' CARLI

115

CAMINHO

*"Mais e mais deveria polir
a mim mesmo e aproveitar,
como espelho, o coração do outro
que brilha claramente."*

Imperador Meiji

*"Como um lago reflete sua imagem,
seu coração reflete sua essência."*
Johnny De' Carli

Mensagem Oracular

A mensagem sugere que o consulente busque permanentemente evoluir e melhorar, escolhendo e adotando como modelos pessoas meritórias, de valor, com qualidades apreciáveis, pautadas na dignidade, na decência, na verdade e na sinceridade, para aprender e direcionar sua vida.

O Mestre Mikao Usui seguramente selecionou esse poema em respeito ao Princípio do Reiki *"Só por hoje, faça seu trabalho com amor e honestamente"*. Ele incentivava os Reikianos a serem honestos e íntegros em suas atividades.

O Mestre Usui certamente também queria nos orientar sobre a escolha de bons Mestres de Reiki, modelos de retidão, de honestidade, de gentileza, de amor na família, na escola, no trabalho, ou seja, em todos os segmentos da sociedade. No Reiki, pregar os 5 Princípios é muito fácil, difícil é viver de acordo com eles. Um instrutor deve cumprir o que ensina. De nada adiantam teorias, explicações, se não formos bons modelos. Há muita gente iniciada no Reiki, mas há pouca gente "acabada" no Reiki. Mestres de Reiki que não vivem de acordo com os Princípios do Reiki são verdadeiros cegos espirituais. No caminho espiritual isso é um desastre. Como bem disse o Mestre Jesus: "*Se um cego guiar outro cego, ambos cairão no barranco*" (Mateus 15, 14).

Reflita sobre as palavras de Baltasar Gracián:

"A perfeição exige polimento."

"Lamentavelmente, é bem mais fácil parecer do que ser um bom Mestre de Reiki."

JOHNNY DE' CARLI

116

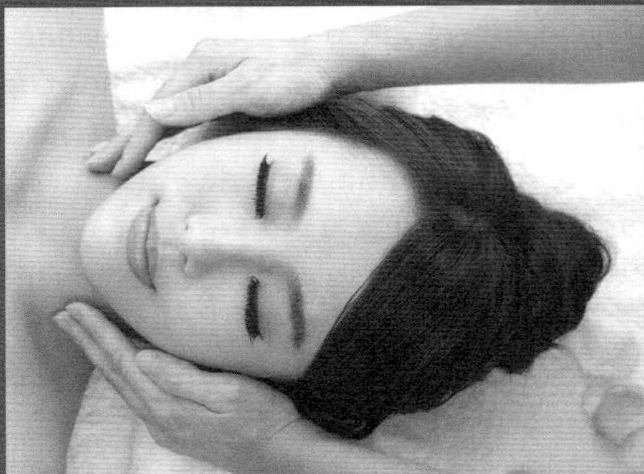

TESOURO

"Por meio do trabalho duro e do desenvolvimento de uma capacidade, tornar-te-ás independente neste mundo. Esta habilidade será teu tesouro."

Imperador Meiji

"Sua profissão é a preciosa semente do patrimônio. O trabalho honesto e profissional é a origem de toda a riqueza meritória."

Johnny De' Carli

Mensagem Oracular

A mensagem sugere que o consulente domine bem uma atividade profissional ou profissão que a sua vocação peça e trabalhe da forma mais dedicada, perfeita e competente possível, a fim de encontrar a sua autonomia financeira.

Nossa profissão é um precioso patrimônio. Não importa qual seja o nosso ofício, por mais singelo que possa ser, o trabalho afasta de nós a dependência, a corrupção e a necessidade.

O ser humano nasceu para trabalhar, tal como o pássaro para voar. Cada um deve fazer algo que lhe agrade, tentar ser o que gosta de ser, ter sempre uma ocupação. O bom profissional trabalha aonde o destino o conduz, portanto, dificilmente passará necessidade. Podem tirar-nos tudo, menos o que sabemos, as nossas habilidades.

O Mestre Mikao Usui seguramente selecionou esse poema em respeito ao Princípio do Reiki *"Só por hoje, faça seu trabalho com amor e honestamente"*.

No trabalho, nada há de humilhante se feito com honestidade, o importante é a dedicação que leva ao aperfeiçoamento, é fazer o nosso melhor, adquirindo experiência e, com ela, a sabedoria, nosso maior "tesouro". Aquilo que estudamos e aprendemos é um "tesouro" que levaremos para onde formos. Afinal, o trabalho é a fonte de toda a riqueza.

Reflita sobre as palavras de Aristóteles:

"Para nos mantermos bem,
é necessário comer pouco e trabalhar muito."

"Seja um bom profissional, mantenha-se atualizado."
Johnny De' Carli

117

ESTUDANTES

"Ainda quando o mundo não seja silencioso, mas ruidoso, um aluno de coração tranquilo não deveria afastar-se do caminho do aprendizado."

Imperador Meiji

"Nunca abandone os seus bons propósitos."
Johnny De' Carli

Mensagem Oracular

A mensagem sugere que o consulente aconselhe os estudantes de seu círculo social, que frequentam os estabelecimentos de ensino, a não desistir dos estudos. Sempre haverá situações desagradáveis para vivenciar, obstáculos e dificuldades que o aluno terá de contornar para evitar a evasão escolar. Nada substitui a persistência para obter-se êxito no caminho do aprendizado.

O Imperador era um sábio e percebeu que as consequências da evasão escolar podiam ser sentidas com mais intensidade nas penitenciárias e nos centros de internação de adolescentes em conflito com a lei, onde os percentuais de presos e internos analfabetos, semialfabetizados ou fora do sistema de ensino, chegavam a quase 100%. Ele certamente percebeu que o combate à evasão escolar é um eficaz instrumento de prevenção e diminuição da violência e da desigualdade social, o que beneficia toda a sociedade.

O Mestre Mikao Usui seguramente observou que muitos Reikianos facilmente desistiam de seus propósitos, abandonando o treinamento do Reiki e certamente queria evitar essa evasão. Existem três opções na atividade Reikiana: ser um bom Reikiano, empenhar-se para tornar-se um ou desistir. Geralmente os problemas são passageiros, mas desistir é para sempre. Um fardo nunca é tão pesado de forma que não se possa carregá-lo.

Reflita sobre as palavras de Pitágoras:

"Educai as crianças, para que não seja necessário punir os adultos."

"Geralmente os problemas são passageiros, mas desistir os tornaria definitivos."
Johnny De' Carli

118

PENSAMENTO OCASIONAL

"No momento certo, avança! Caso contrário, chegarás depois dos demais."

Imperador Meiji

"Na vida, não ir avante sensatamente é o mesmo que ficar para trás."

JOHNNY DE' CARLI

Mensagem Oracular

A mensagem é um alerta ao consulente para que esteja atento ao que faz, esperando o tempo necessário para agir com bom senso e no momento certo, a fim de progredir e não ficar em desvantagem. Não ir avante sensatamente é o mesmo que ficar para trás.

Competição significa a interação de indivíduos que disputam algo. Lamentavelmente, no atual estágio de desenvolvimento em que o planeta se encontra, nossa vida pode ser comparada a uma competição permanente. O mundo em que vivemos valoriza muito a competição, desde cedo nos deparamos com isso, já na infância somos iniciados em esportes altamente competitivos.

O Mestre Mikao Usui certamente queria nos recomendar a avançar no Reiki aprendendo cada um dos diferentes Níveis (*Shoden, Okuden* e *Shinpiden*). Um provérbio Chinês nos diz: "*A aprendizagem é como remar para subir o rio, não avançar significa ficar para trás*". Ocorre também no Reiki que devemos avançar no momento certo, pois, como todo aprendizado, obedece a um ritmo que deve ser respeitado, não adianta querer se apressar.

Reflita sobre as palavras de Daisaku Ikeda:

"Quando não há desafio, não se rompem limites e tendemos a permanecer na mesma condição. Para muitos, talvez, não haveria problema permanecer da mesma maneira. Pode ser até que esteja bem assim. Porém, não avançar é o mesmo que retroceder."

"Aquele que se acomoda é um fraco, a triste realidade de muitos."
JOHNNY DE' CARLI

119

ATITUDE ESPIRITUAL

*"Se um dia, neste mundo,
fores escolhido para ser um líder,
mantém a atitude espiritual correta."*

Imperador Meiji

> *"Os líderes nascem para decidir por aqueles que não querem assumir responsabilidades."*
>
> Johnny De' Carli

Mensagem Oracular

A mensagem sugere que o consulente está a caminho de atingir uma situação de destaque, ocasião que deverá manter-se humilde, oferecendo sempre o melhor que há em si.

Uma das características dos bons líderes do passado era a união da humildade com a vocação profissional.

O poder infelizmente muda o fraco e sem personalidade. Percebe-se que há quem perca a humildade quando passa a ocupar uma situação de liderança e comando. Do ponto de vista psicológico, observa-se que a pessoa perde a própria identidade e assume outra, envolvida pela situação do próprio poder. Alguns mal iniciam sua escalada de liderança e já começam a ficar arrogantes.

O Mestre Mikao Usui seguramente selecionou esse poema em respeito ao Princípio do Reiki *"Só por hoje, seja gentil com todas as criaturas vivas"*. Gentileza e humildade andam de braços dados. É possível encontrarmos pessoas que recebem iniciações de Reiki, principalmente no Nível de Mestrado, e perdem a humildade, passam a se sentir superiores e melhores que os demais. O Mestre Usui seguramente desejava evitar esse comportamento no Reiki, não permitindo que a arrogância e o orgulho se manifestassem, ele sabia que somos todos semelhantes. O orgulho divide as pessoas, a humildade une-as.

Reflita sobre as palavras de Abraham Lincoln:

"Se quiser conhecer verdadeiramente uma pessoa, dê-lhe poder."

"Só saberá chefiar quem aprendeu antes a obedecer."
JOHNNY DE' CARLI

120

DIREÇÃO CORRETA

"É difícil conduzir as pessoas neste mundo, a não ser que teu trabalho se direcione para o bem-estar geral."

Imperador Meiji

"Para os Reikianos, as mesmas mãos que afagam um bebê, também podem afagar toda a humanidade."

JOHNNY DE' CARLI

Mensagem Oracular

A mensagem sugere que o consulente busque ser altruísta em seu trabalho e atos, funcionando como um modelo de grande valor moral, a fim de conseguir direcionar os outros a viverem com decoro e a seguirem um caminho totalmente honesto e íntegro. Ser altruísta é não ser egoísta.

O Mestre Mikao Usui seguramente selecionou esse poema em respeito ao Princípio do Reiki *"Só por hoje, faça seu trabalho com amor e honestamente"*, pois ele seguramente incentivava os Reikianos a serem honestos e íntegros em seu trabalho e queria orientá-los na escolha de Mestres de Reiki de caráter ilibado no agir, modelos de retidão, pautados na dignidade, na decência, na verdade e na sinceridade. A melhor sala de aula está aos pés de uma pessoa que ofereça bons exemplos. No Reiki, pregar os 5 Princípios é muito fácil, difícil é viver de acordo com eles. Um instrutor deve cumprir o que ensina. De nada adiantam discursos, se não formos bons modelos. Um bom exemplo vale mais que mil palavras.

Reflita sobre as palavras de Albert Schweitzer:

> *"Dar o exemplo não é a melhor maneira*
> *de influenciar os outros, é a única."*

> *"É mais fácil pregar princípios do que viver de acordo com eles."*
> Johnny De' Carli

121

MANEIRA CORRETA DE PENSAR

"Para mim, além dos mares e em todas as direções, todos os seres humanos são irmãos. Qual é, então, o sentido da guerra em nosso mundo?"

Imperador Meiji

Nenhum ser evoluído ataca outro."

JOHNNY DE' CARLI

Mensagem Oracular

A mensagem sugere que o consulente busque viver em paz com o próximo. Não existe uma discórdia boa nem uma paz ruim.

A hostilidade não tem sentido e sim, causas que demonstram a irracionalidade humana. O conflito é a destruição do espírito humano. Todos somos filhos do mesmo Deus; só existe uma única raça, a humanidade; habitamos o mesmo planeta, respiramos o mesmo ar. A vida é um fluxo do qual todos fazemos parte.

O Mestre Mikao Usui seguramente selecionou esse poema em respeito ao Princípio do Reiki *"Só por hoje, seja gentil com todas as criaturas vivas."* Ser gentil é saber viver em harmonia com os seus semelhantes. Com certeza o Mestre Usui desejava a paz entre os Reikianos e toda a humanidade.

As pessoas possuem interesses conflitantes, principalmente econômicos. Nesse caso, não há razão que prevaleça: a insanidade domina e vem a rivalidade. A competição é apenas um aspecto das imaginações negativas, não deveria existir no método Reiki. Afinal, somos todos Um.

Reflita sobre as palavras de Albert Einstein:

"A paz é a única forma de nos sentirmos realmente humanos."

"Fazemos todos parte da mesma família,
habitamos o mesmo planeta."
JOHNNY DE' CARLI

122

PENSAMENTO OCASIONAL

*"O cravo do jardim,
mesmo sendo levado pela
enchente até a margem do rio,
continua florescendo."*

Imperador Meiji

"A saudade não mata, mas martiriza um coração."
Johnny De' Carli

Mensagem Oracular

A mensagem sugere que o consulente, por uma necessidade da vida, poderá vir a ter que compulsoriamente separar-se fisicamente de uma pessoa muito amada de sua família. A distância poderá separar os olhares, mas não conseguirá apartar os corações. Ela impedirá que se vejam com a mesma frequência, mas não impedirá que sigam amando-se.

Permanecemos amando as pessoas, mesmo separados fisicamente. A vida continua após as separações, a saudade pode martirizar o coração, mas não mata nem as pessoas nem o amor que sentem.

O Mestre Mikao Usui seguramente selecionou esse poema pelo fato de que o Reiki, ao contrário das terapias mais conhecidas nas quais há o condicionante do contato físico, também poder ser enviado à distância, com sucesso, num processo similar ao da emissão de ondas radiofônicas. Podemos seguir aplicando Reiki nas pessoas, mesmo separados fisicamente.

Reflita sobre as palavras da Condessa Diane:

"A ausência só mata o amor quando ele já está doente na data da partida."

"Onde existe o Reiki, existirá Luz.
A Luz é a ressonância do amor."
Johnny De' Carli

123

JOGO INFANTIL

"Sempre que estiveres num jogo de que gostes, não te descuides das coisas importantes da vida."

Imperador Meiji

"O estudo é prioridade na vida das crianças, mas o lazer também é fundamental para elas."

Johnny De' Carli

Mensagem Oracular

A mensagem sugere que o consulente priorize o estudo e o trabalho, mas que nunca deixe de fazer pausas para diversão, o lazer também é fundamental para o ser humano. Temos muito mais prazer nos momentos de lazer, desfrutando-os melhor, quando cumprimos as tarefas prioritárias com amor, dedicação e zelo.

O Mestre Mikao Usui seguramente selecionou esse poema em respeito ao Princípio do Reiki *"Só por hoje, faça seu trabalho com amor e honestamente."* Aqui, o trabalho igualmente pode ser visto como o processo de aprendizagem. O ser humano nasceu para estudar e trabalhar, tal qual o pássaro para voar. Não devemos, no entanto, confundir este importante Princípio achando que devemos viver só para o estudo e trabalho, o lazer também é necessário para todas as pessoas.

Reflita sobre as palavras de Wclledja Araujo:

"Você jamais terá tempo para aquilo que não dá prioridade."

"Estamos tão preocupados com o tempo, com nossos afazeres, que raramente fazemos uma pausa para nos conectarmos conosco mesmos."

Johnny De' Carli

124

PENSAMENTO OCASIONAL

"Olha sempre para dentro de ti mesmo. Caso contrário, não raro, quando deres por ti, estarás perdido cometendo erros."

Imperador Meiji

"Ao não reconhecer os erros do passado, estamos condenados a repeti-los."

Johnny De' Carli

Mensagem Oracular

A mensagem sugere que o consulente reflita sobre os próprios erros, a fim de não voltar a repeti-los. Se uma pessoa não os reconhece, acaba persistindo neles. Os grandes erros cometidos na vida são recorrentes pela falta de reflexão.

Geralmente somos muito maliciosos em discernir os desvios alheios, mas raramente nos apercebemos dos nossos. Admitir os próprios desacertos, além de ser uma questão de humildade, é um passo para a evolução. É preciso refletir, conscientizar-se dos erros, afinal, aprendemos muito mais com eles do que com os acertos. Na vida nunca se deveria cometer duas vezes o mesmo equívoco.

O Mestre Mikao Usui afirmava que o Reiki é um método que serve também para corrigir os erros e os maus hábitos.

A entrevista contida no manual com o título de *"Reiki Ryoho Hikkei"*, entregue aos alunos do Mestre Usui quando lecionava, contém a seguinte pergunta:

Entrevistador: *A "Usui Reiki Ryoho"* (Técnica Terapêutica Reiki Usui) *trata somente problemas de saúde?*

Mikao Usui: *Não somente problemas de saúde.* ***Pode também corrigir maus hábitos*** (o grifo é nosso)...

Reflita sobre as palavras de Alexandre Herculano:

"Eu não me envergonho de corrigir os meus erros e mudar as minhas opiniões, porque não me envergonho de raciocinar e aprender."

"Quando percebidos, os erros não existem, são aprendizado e lições de vida."
Johnny De' Carli

125

ESPELHO

"Devo polir o meu eu, mais e mais, para usar o claro e brilhante coração do outro como espelho."

Imperador Meiji

"É importante observar para aprender."
Johnny De' Carli

Mensagem Oracular

A mensagem sugere que o consulente mantenha-se em constante aperfeiçoamento, procurando melhorar seus pensamentos, emoções e ações. Para isso, escolher e adotar como modelos pessoas meritórias, de valor, com qualidades apreciáveis, pautadas na dignidade e na decência são fundamentais para a aprendizagem e o direcionamento correto em sua vida.

O Mestre Mikao Usui seguramente selecionou esse poema em respeito ao Princípio do Reiki *"Só por hoje, faça seu trabalho com amor e honestamente"*. Ele incentivava os Reikianos a serem honestos e íntegros em todas as suas atividades. Ele certamente também queria nos orientar sobre a escolha de bons Mestres de Reiki, que nos sirvam como modelos de retidão, de honestidade, de gentileza em todos os segmentos da sociedade. Um modelo constitui o mais forte apoio para as mudanças que se verificam nas pessoas. A lapidação pessoal está no exercício diário; devemos permanentemente ter como modelos pessoas de decoro, de conduta honrada, éticas, justas, com integridade de caráter e virtuosas em seus atos. Dar o exemplo não é a melhor maneira de influenciar os outros, é a única. Nada é tão contagioso como o exemplo.

Reflita sobre as palavras do bondoso Mestre Jesus:

"Dei-vos o exemplo para que como eu vos fiz também vós o façais" (João 13, 15).

"A maneira mais fácil de crescer é cercar-se de pessoas mais preparadas do que você."
Johnny De' Carli

"No Reiki, aprende-se principalmente a viver no momento presente."

Johnny De' Carli

Capítulo 5

Considerações Finais

O método Reiki tanto pode ser usado isoladamente, quanto como complemento terapêutico convencional ou holístico; as possibilidades para combiná-lo com outras técnicas são infinitas, inclusive com as ciências divinatórias.

O Reiki está nos dando uma oportunidade individual para reestruturar nossas vidas. O Mestre Mikao Usui nos apontou um caminho adotando os 5 Princípios do Reiki e os 125 poemas. Recomenda-se incorporar as mensagens desses poemas ao nosso cotidiano o mais rápido possível. Recomenda-se que não se guarde este livro na estante, deve-se mantê-lo sempre à mão, refletindo pelo menos sobre um dos poemas diariamente. Todos os 5 Princípios do Reiki pregam o "Só por hoje" *(Kyo dake wa)*. O *Oráculo do Reiki* é uma ferramenta de aperfeiçoamento diário. Incentive esse hábito nas pessoas mais próximas.

Deve-se desapegar do passado e do futuro e vibrar no presente.

A melhor maneira de nos programarmos para o futuro é a de concentrarmos toda imaginação e entusiasmo na execução perfeita do trabalho de hoje, conforme ensinam os Princípios do Reiki. Jesus também pregava que se deixasse o amanhã cuidar de si e que se vivesse o hoje ao máximo. Disse o Mestre Jesus: *"Portanto, não vos inquieteis com o dia de amanhã, pois o amanhã trará os seus cuidados; basta ao dia o seu próprio mal"* (Mateus 6, 34).

"O verdadeiro futuro é hoje.
O hoje é a unidade produtiva de nossas vidas."
Johnny De' Carli

Se quiser ser feliz amanhã, deve iniciar hoje mesmo. O bem que se fizer hoje será a alegria amanhã. É necessário cuidar do presente, do hoje, para se ter um futuro melhor.

O momento atual que se chama presente é um presente. O hoje é o maior presente que Deus nos deu, é tudo o que se tem, não se deve esquecer de vivê-lo. É preciso começar cada manhã como se fosse o dia mais importante da vida. Viver cada dia como se fosse o último. Manter-se no presente, no hoje, faz com que se evitem os conflitos, as psicoses e neuroses, se eliminem as tensões e os conflitos internos.

É importante procurar ser uma pessoa em busca do aperfeiçoamento diário. Fazer um pouco mais, a cada dia, do que possivelmente se pensa que pode. Só a própria pessoa pode mudar, se for essa realmente a sua vontade. A decisão é de cada um. A ponderação é fundamental, pois cada um vai carregar sozinho e sempre o peso das escolhas que fizer. O importante é que sempre se tem opção. Sempre é tempo de recomeçar.

Se vivermos um dia de cada vez, viveremos melhor todos os dias de nossas vidas. O *Oráculo do Reiki* nos ensina a viver cada um desses momentos com plenitude e sabedoria.

Grato por me "escutar" até o final.

Johnny De' Carli

"Seja feliz, viva um dia e uma coisa importante de cada vez."
JOHNNY DE' CARLI

Anexo 1

Instituto Brasileiro de Pesquisas e Difusão do Reiki

Pessoas interessadas em realizar seminários devem contatar:

Mestre Johnny De' Carli
Home page: www.reikiuniversal.com.br
Email: ritadecarli@gmail.com

Endereço em São Paulo:
Alameda Santos, 2223, conj. 52 – Cerqueira César
São Paulo/SP – CEP: 01.419-101.
Tels.: (11) 3062-9941; (11) 3062-9647 e cel.: (11) 9.9619-2769 (WhatsApp)

Endereço no Rio de Janeiro:
Rua Siqueira Campos, 43 salas 633 e 634 – Copacabana
Rio de Janeiro/RJ – CEP: 22.031-070.
Tels.: (21) 2256-8267 e (21) 2235-3142

Todos estão convidados a conhecer nossas sedes.

"Todo ser visível tem livre acesso a uma Força Universal invisível."
Johnny De' Carli

"O Reiki é expansão da consciência,
com a cura como efeito colateral."

Johnny De' Carli

Posfácio

Quando o nosso querido amigo Johnny De' Carli falou de mais um incrível projeto de Reiki, também voltado aos poemas do Imperador Meiji, o nosso coração rejubilou de alegria e contentamento. É fácil termos contentamento pelo bom trabalho dos outros, que muito auxilia o desenvolvimento da prática, do crescimento pessoal e da própria manifestação do Reiki.

O difícil surge quando Johnny nos pede algumas palavras sobre este trabalho. Como dar as melhores e mais verdadeiras palavras? Fizemos o que sempre nos apela a prática, retiramo-nos e meditamos.

Escolhemos deste oráculo, uma carta para que nos auxiliasse na inspiração das palavras e surgiu o **Poema 4 – Vento sobre as Folhas de Outono**, *"Muitos dias e noites se passaram para aperfeiçoar a cor das folhas do bordo, mas uma leve rajada de vento basta para levá-las"*. E assim surge-nos o "Caminho" que o Johnny tem percorrido ao longo destes anos, um caminho de Reiki, de compaixão e esclarecimento. Não é um trabalho fácil manter-se coerente a si mesmo e à prática, ao mesmo tempo em que vai desenvolvendo outras perspectivas e abordagens, no entanto, a obra feita do Johnny vai mostrando-nos a sua consistência e sabedoria.

Por isso mesmo, o *"Vento que passa sobre as Folhas de Outono"* ajuda a árvore a crescer mais forte. É como se o Reiki fosse

"O entusiasmo foi sempre a base de todas as grandes realizações."
Johnny De' Carli

renovando o trabalho, a inspiração e a praticabilidade do que se sente. O Johnny é essa árvore num campo cheio de árvores. É forte, vai crescendo em mais e mais sabedoria, unindo e não separando, acolhendo e dando frutos.

Ficamos muito contentes com mais este trabalho, pois também auxilia o que promovemos pela Associação Portuguesa de Reiki e pelos nossos praticantes no CENIF (Centro Português de Investigação e Formação em Terapias Complementares) – os poemas do Imperador Meiji, para reflexão e crescimento pessoal. Em todos os eventos, encontros da prática na filosofia de vida, costumamos passar entre todos um saquinho cheio de poemas em que cada pessoa tira um e o analisa perante a sua questão de vida presente. Os resultados são sempre muito surpreendentes e isso não admira, pois a sabedoria do Mestre Usui ao escolher estes 125 poemas, no meio de milhares, tem uma razão.

Johnny, que o Reiki sempre te traga muita felicidade e assim continues a levar muita felicidade a todos, em abundância, compaixão e muito amor incondicional.

Um grande abraço em Reiki.

João Magalhães 因智 *e Sílvia Oliveira*
Presidentes fundadores da Associação Portuguesa de Reiki

"De uma forma ou de outra, somos sempre conduzidos para o caminho que precisamos percorrer."
JOHNNY DE' CARLI

"Vá em frente. Mesmo que não enxergue o topo da montanha, continue subindo. O caminho se faz caminhando."

Johnny De' Carli

Bibliografia

01. DE' CARLI, Rita de Cássia Lima. *Tarô, Um Caminho de Autoconhecimento*. São Paulo: Editora Isis, 2013.

02. DE' CARLI, Johnny. *Reiki, como Filosofia de Vida*. São Paulo: Editora Isis, 2012.

03. DE' CARLI, Johnny. *Reiki, Apostilas Oficiais*. São Paulo: Editora Isis, 2013.

04. DE' CARLI, Johnny. *Reiki, Os Poemas Recomendados por Mikao Usui*. São Paulo: Editora Nova Senda, 2013.

05. DE' CARLI, Johnny. *Tarô do Reiki*. São Paulo: Editora Nova Senda, 2014.

"Busque no livro um tipo de alimento diário."
JOHNNY DE' CARLI